Cuit sur le vif

Florence Duquesne

REMERCIEMENTS

Merci à mes relectrices Marie-Pierre Le Mao et Amaya Gauthereau ainsi qu'à Miquel pour ses conseils.

Merci à mon père.

PRÉFACE

La fin de vie est la dernière des libertés individuelles que nous aurons à conquérir.

Parce que le sujet renvoie à la mort – pourtant inévitable, mais le sujet est, avec le sexe, le tabou ultime de notre société moderne –, parce que le sujet renvoie l'homme politique, qui aura à légiférer, à sa propre finitude et sa faillibilité, les hommes et les femmes de notre pays, majoritairement favorables à la légalisation de l'euthanasie dans un cadre légal qui respecte les volontés, les consciences et les dignités de chacun, devront encore lutter fermement pour obtenir le droit de devenir les maîtres de leur propre fin de vie.

Avant cela, malheureusement, de nombreuses femmes et de nombreux hommes de notre pays, mais également d'Espagne, d'Italie et d'autres pays d'Europe, de tous les pays qui entendent faire passer un précepte religieux avant une liberté individuelle, mourront dans des souffrances inutiles et des tragédies absurdes. Pour rien et contre leurs volontés pourtant hurlées à la face d'un corps médical souvent atteint de surdité.

En France, depuis 2005, une loi contredit la démocratie

sanitaire et fait du médecin le maître de notre temps et de notre corps. Nous n'en pouvons plus. Nous n'en voulons pas. Malgré les promesses du candidat François Hollande, élu président de la République française le 6 mai 2012, la loi du 2 février 2016 ne donne toujours pas la parole à celui qui est arrivé à la fin de sa vie.

Nous voulons une loi d'ultime liberté qui permette à chacun de choisir dans quelles conditions il souhaite finir sa vie, y compris en bénéficiant d'une aide active à mourir si c'est son choix.

Le livre de Florence Duquesne est l'un des nombreux témoignages désolants de l'incapacité des pouvoirs publics, en Espagne comme en France, à comprendre qu'une vie qui n'est plus, pour le patient, que de la survie, peut ne pas valoir la peine d'être vécue et doit être abrégée, sereinement, consciemment, pour éviter le trop long temps de l'agonie et de la déchéance.

Jean-Luc Romero
Président de l'Association pour le Droit de Mourir dans la Dignité
Novembre 2016

PREMIÈRE PARTIE

CUIT SUR LE VIF

« Nous entrâmes dans la chambre. Courbée en demi-cercle sur le lit, un autre être que ma grand-mère, une espèce de bête qui se serait affublée des ses cheveux était couchée dans ses draps, haletait, geignait, de ses convulsions secouait les couvertures. Les paupières étaient closes et c'est parce qu'elles fermaient mal plutôt que parce qu'elles s'ouvraient qu'elles laissaient voir un coin de prunelle, voilé, chassieux, reflétant l'obscurité d'une vision organique et d'une souffrance interne. Toute cette agitation ne s'adressait pas à nous qu'elle ne voyait pas, ni ne connaissait. Mais si ce n'était plus qu'une bête qui remuait là, ma grand-mère où était-elle ? »

Marcel Proust, *Du côté de Guermantes*

Le vautour est entré dans la chambre dans un claquement de porte. La dépouille gisait sur le lit à vif de ses tourments. Sommier de fer rouillé aux entrelacs noueux de chair meurtrie, lambeaux de viande fraîche accrochés à la grille, au gril de draps roussis.

Recroquevillée sur un fauteuil gris au dossier incliné en reposoir insomniaque, la fille a ouvert les yeux sur un homme en noir qui l'observait. Vision immédiatement superposée à celle de son cauchemar à répétition, celui qu'elle venait de refaire à l'instant. Le curé la dévisageait, regard jaune sous les néons, soutane d'aigle au col blanc. L'excès de lumière à rideaux tirés sur le monde brouillait les traits du bonimenteur.

« Nous n'attendons personne.

– Je vous apporte Dieu.

– Mon père n'a pas demandé à le recevoir.

– Je vous apporte le réconfort. »

La fille a éteint la lumière. À cet instant, une silhouette blanche aux cheveux noirs est sortie du cabinet de toilette. En un éclair, un dégradé lumineux s'est estompé en caresse sur le visage de la mort. Il était doux, apaisé, tranquille et pourtant puissant de pommettes brillantes et d'élégance pharaonique.

Le corps est passé du lit au sarcophage et les deux visions se sont télescopées pour recouvrir le teint de cire de pommades mortuaires et de senteurs du Nil. Les embaumeurs ont longtemps travaillé la présentation du mort avant de l'exposer aux regards de ceux qui ne viendraient pas. Albert n'avait que sa femme et sa fille à qui offrir ses restes monumentaux. Les petits-enfants ne viendraient que le surlendemain, au cimetière. On ne veillerait pas le père.

On ferme les yeux des défunts à l'instant où ils s'éteignent, comme les étoiles meurent d'avoir trop scintillé ; on oublie de leur refermer la mâchoire et les dents de l'ombre mordent les vivants au cœur de l'angoisse. La fille a pourtant embrassé le visage sur l'oreiller. Elle a prêté serment en lui caressant la joue. Elle a serré le froid de marbre de la main mate à la peau fine sur les veines saillantes. Du masque de trépas, elle ne gardera toutefois que le beau, le peint, le gisant parfumé dans son berceau d'éternité, l'image du père ainsi figée, une fois les embaumeurs passés. On apprête les morts comme des Dieux, mais seuls certains hommes en sont dignes et portent beau la parure de l'au-delà.

Outre de sang de roi, de mage, de puissance intérieure, de justesse, de justice et de courage. La fille ne l'a pas vu pleurer, pas une larme n'a coulé sur sa joue tendre de bonheur fané. Elle a voulu le faire danser, tourner doucement dans ses bras et il n'a pas bougé. Ses pieds écrasaient le sol d'une lourdeur effarante. « Oh non ! » soufflait le filet de sa voix limée jusqu'à la corde. « Oh non ! » murmuraient ses yeux injectés d'absence, blanc de l'œil brouillé aux longs cils songeurs, jaune grumeleux, coagulé derrière lequel la fille cherchait l'enfant qu'il avait été. Elle avait entraperçu le jeune lui dans les récits qu'il en faisait. Elle avait reconstitué ses traits hybrides, métissés d'origines lointaines au regard vif d'un noir immense. Elle avait fondu son amour en images de beauté. Elle n'avait jamais vu de photo de lui enfant.

De son être émanait une douceur si profonde, une bonté si vaste qui n'avait plus rien d'habituel, d'ordinaire, de séculier. Il s'agissait d'une mise en puissance du trait originel, d'un apogée, d'un faîte, d'un pic qui s'élargissait et prenait possession des recoins du monde. Sa bonté transcendait sa douleur, toutes les douleurs. Il n'avait rien d'un Christ torturé qui rachetait les péchés du monde, il était une leçon de bravoure sublimée par l'amour au-delà du jugement.

*

Le curé a quitté la chambre au moment où la veuve Blanche est entrée. Un seul regard bleu a suffi à le désarmer. Il a franchi à reculons la porte vers le monde et l'air de la chambre s'est renouvelé de senteurs apaisées. Les poumons se sont ouverts sur le jour teinté du gris des rideaux tirés, biffure sur la parenthèse religieuse, sur l'intrusion morbide, sur l'anachronisme, l'obscurantisme, l'acharnement thérapeutique, la négation du droit à la mort, le non-respect de la personne humaine et de sa dignité.

La mère, l'épouse aux cheveux de jais sur sa peau pâle – Blanche-Neige vieillie au bain des années mortes – portait le deuil fièrement face aux usages qui n'étaient pas les siens. Pourtant, elle était croyante mais avec calme et bienveillance. L'interne lui disait qu'il était désolé, vraiment désolé ; il n'arrêtait plus d'être désolé. « Je ferai pour lui, ce que je ferais pour mon propre père. » Avait-il réellement fait pour Albert ce qu'il aurait fait pour son père ? Pauvre père, pauvre mère tombés entre les griffes de l'*a priori*, du jugement, de la démence des bourreaux et de la souffrance ! Au nom de Dieu. De quel dieu ? Les monstres affublent les dieux de leur propre fureur, les anges les parent d'altruisme et de décence.

« Je ne crois pas au grand-père qui fait du yoga dans le ciel » a dit Ruben quand on lui a annoncé que son grand-père allait mourir. L'enfant se souvenait de son asthme à lui et de ses crises nocturnes aux portes de l'asphyxie. « Quand il sera mort, ce sera Papy la barbe blanche sur son tapis volant. Quand je suis malade, je rêve que je vole. » Il pensait, lui aussi, que le vieil homme ne devait pas souffrir.

Son grand-père lui a parlé. Il savait le court chemin qu'il lui restait à faire. Il regrettait de toute sa maladie le train qu'il n'avait pas pu prendre, mais il se taisait. À son petit fils, il ne disait que son amour, six ans de bonheur qui s'éteindraient à ses yeux dans quelques jours, six ans de promenades et de lectures émerveillées, de chansons et de refrains enchantés.

Cuentos

Si el lobo puede cantar y bailar
Con el fuego ardiendo a su lado
Yo podré pescarte flores
Soplarte nubes de aire
Si el cisne puede cambiarse
En un elefante en la nieve
Yo podré maullar a tu oído
Mis sentimientos de lobo

Quererte como un tigre
Con alas de águila
Y fuerza de rinoceronte
Seré tu príncipe feroz, tu lobo azul
Con dagas voladoras combatiré los pretendientes
Con dagas voladoras combatiré tus suspiradores

Dale el beso al lobo
Caperucita dámelo
Dale el beso al lobo
Caperucita dámelo

Aléjate caballero
A mi padre tienes
Que pedir mi mano

Aux oreilles de Ruben résonnaient les chansons que la fratrie avait écrites au son du piano du frère aîné et de la voix céleste de la sœur chanteuse. Le grand-père les avait aidés de quelques rimes et de quelques figures jetées l'air de rien, sans y toucher, sur le chemin de la création. Comment feuilleter le carnet de chant écrit en creux dans la page blanche du temps ? Comment faire naître l'objet onirique et lui donner texture, lui donner part entière, ne pas enfiler les chansons en récital éphémère mais les assembler, une à une, en éventails légers, en papillons ouvragés, décuplés à la vitesse de l'air ? Comment offrir au grand-père les mots ailés d'un rêve pour toujours ?

« Je t'ai aimé.

– Je t'aime Papy.

– Je te parle maintenant car je ne pourrai plus le faire dans quelques jours. »

Les mots du grand-père serpentaient dans la tête de l'enfant en carrousel funèbre. Danse macabre. Mais la barbe des Dieux et leur sceptre magique volaient bientôt au secours du grand-père. Albert fuyait la mort, debout sur un tapis volant, poursuivi par un squelette à dos de faux qu'il enfourchait comme un balai. Le héros impavide, centenaire au galop, sortait de sa barbe une baquette magique et mettait le squelette en fuite. La faux et les os s'écrasaient dans un éclair magique de tonnerre d'apocalypse.

« Prends bien soin de ta grand-mère. »

Procession aux nez crochus et aux doigts pointus : goules, citrouilles et gargouilles en feu dégringolaient le toboggan infernal des mauvais présages et s'écrasaient dans un Bang ! fracassant aux pieds de l'enfant qui les achevait du tranchant de l'épée en piaffant d'innocence.

Ruben ne comprenait pas tout, à peine pas grand-chose aux paroles de son grand-père qui coûtaient le souffle au vieil homme. L'enfant le regardait s'agiter avec lenteur, ne pas tenir en place, s'asseoir en titubant, chercher à se lever, se tourner, se retourner, dans son lit, dans son fauteuil, sortir dans le jardin pour respirer et ne pas y parvenir. Un matin, Ruben a vu son grand-père tomber et sa grand-mère appeler sa fille au secours. Albert est parti aux urgences ; les enfants ne sont pas allés à l'école. Le soir le grand-père ne pouvait toujours pas respirer, mais il était rentré. La famille l'entourait au creux de l'attente.

Le petit-fils regardait le chien s'approcher de son grand-père qui ne le voyait plus. Élan réflexe, secousse de l'habitude et de l'avant, pelage roux terne, sans un regard pour l'aïeul. La gueule du chien avançait vers les genoux du pyjama qui ne s'ouvraient plus pour le recevoir. L'animal se heurtait au vide. La bête comprenait et s'en retournait. Museau à terre, Poncho suivait l'ombre d'Albert vers l'absence et le néant. À pas lourds et lents, l'épagneul s'enfonçait dans le souvenir. Le grand-père l'avait aimé, lui aussi. Longues promenades et murmures d'été dans les haies, mais à lui il n'avait pas parlé. À Alice, sa fille, il avait dit :

« On a déjà fait un bon bout de chemin ensemble.

– Ne t'inquiète pas, il nous reste encore de la route. »

Et ils étaient arrivés à l'hôpital. Aux urgences, on l'avait examiné. Aux urgences, ils n'avaient rien trouvé, alors on l'avait renvoyé. Et Alice qui n'avait pas insisté. Il pouvait encore prendre son train, mais pourrait-il aller bien loin ? Pourrait-il aller vers le Nord, jusqu'à la coupole de verre éblouissant. Pourrait-il encore choisir ?

*

Une semaine plus tard, il était trop tard, le train était parti sans lui et le Nord s'effaçait à ses yeux qui ne le cherchaient plus, qui ne savaient même plus qu'il avait existé.

« On dirait qu'il est angoissé. Il se fait opérer dans une semaine, » disait la veuve en devenir, celle qui allait mourir un peu de ses yeux bleus et de ses cheveux si teints pour son âge en souvenir de ce qu'elle était autrefois. Souvent, elle racontait à son miroir *Il était une fois avant* pour y faire briller le lustre de sa jeunesse éternelle – ses cheveux défaits, noirs sur le blanc de l'oreiller, le rouge cerise de sa bouche au centre du tableau, sa peau pâle comme le drap qui cachait sa nudité et Albert dont le reflet d'antan s'épanouissait à ses côtés.

Chaque nuit, depuis la maladie de son mari, Blanche rêvait de la mort de son chien. Elle voyait le corps de la bête se raidir en un dernier soupir de gueule ouverte ; la vision lui revenait quand elle regardait son époux dont le front reposait sur la table du jardin et dont la bouche écumait des prémices de dernier instant. Bien vite elle chassait le chien de son esprit, crachait le rêve dans les toilettes et tirait la chasse d'eau sur la clinique vétérinaire. Tombés au fond de la cuvette, les instruments du chirurgien s'accrochaient au noir d'une chevelure que mordait l'émail d'un dentier. La salle de réanimation adhérait aux parois de la mémoire, paralysée de blanc et de résurrection ratée.

*

« Marine, Angel. Tenez compagnie à votre grand-père. Passez le plus de temps possible avec lui » insistait Alice auprès de ses enfants pour leur éviter le remords car elle seule savait. Il était venu en songe frapper à sa porte une nuit ; il était resté sur le seuil et avait touché son chapeau du bout des doigts pour la saluer une dernière fois. Il lui disait au revoir de sa silhouette sans âge qui représentait le père qu'il avait toujours été. Il portait sa veste de cuir marron et son petit chapeau de velours assorti.

Et elle essuyait la bouche de son père comme on

change un nourrisson. Elle lui tamponnait la commissure des lèvres du bout de son amour. Elle souhaitait sa mort maintenant. Elle voyait ce que les autres refusaient de croire. Tous pensaient qu'il dormait sur son fauteuil, sous son parasol dans le jardin chaud d'été, mais sa tête s'effondrait sur le côté et sa bouche moussait d'indigestion, d'overdose de chimie, de bile indigeste. Alice savait, mais se taisait.

À quatre reprises elle l'avait conduit aux urgences. La cinquième fois, il avait raté son train ; il ne lui restait que l'attente. Pouvait-elle le laisser mourir sans assistance, s'éteindre chez lui ? C'était une affaire de jours. Alice n'avait pas convaincu les médecins de la nécessité de l'hospitaliser. Elle seule le voyait se fragmenter de l'intérieur, s'affaisser, s'effondrer sous son enveloppe qui mettait plus longtemps à se désagréger que ses viscères morcelés. Fallait-il encore le conduire aux urgences, une dernière chance, une dernière tentative ? Il se faisait opérer dans cinq jours maintenant, dans trois, dans deux. Le temps passait et le grand-père ratait son train le front dans la main qui ne retenait plus sa tête. Il la laissait tomber en avant, toujours plus en avant, à la recherche du déséquilibre et de la chute, du fracas, du traumatisme qui l'emporterait.

« Vous savez, les personnes âgées se plaignent beaucoup, avait dit le médecin de garde à Alice. Il faut en prendre et en laisser. Nous avons écarté toutes urgences à proprement parler, tous les facteurs pouvant mettre la vie en péril. Votre père est hors de danger immédiat. Son sang est bien oxygéné et ses reins fonctionnent normalement. Vous devez prendre rendez-vous avec l'oncologue qui le suit et ne pas venir systématiquement aux urgences. »

Par quatre fois, elle avait insisté et par quatre fois on l'avait renvoyé chez lui, chez elle, chez eux, famille pluri-générationnelle.

*

« Et moi ?

– Et toi aussi Ruben, reste auprès de ton grand-père. »

Il était bien jeune pour affronter la mort du capitaine. Les larmes, en calots irisés, coulaient des yeux de l'enfant, arcs-en-ciel des années passées aux côtés de l'aïeul adoré de mots d'enfants, de sanglots, de rires en cascades et de baisers mouillés.

« Ton grand-père t'a parlé ?

– Il est très fort en yoga. Il s'en sortira. Pour la barbe, plus dur, il est un peu chauve.

– Il t'a parlé à toi aussi ? »

Angel se taisait. Il voulait garder pour lui sa farandole, son serpentin coloré et le faire voler, cerf-volant magnifique à la crête invincible, à la queue de paon aux yeux de chat.

Marine, elle, ne croyait plus aux contes de fée. De ses seize ans, elle savait. Alors, elle pleurait seule dans sa chambre repliée sur des paroles concrètes chargées d'amour et de reproches peut-être. Elle entendait un avertissement dans les mots tendres de son grand-père. Avait-elle été à la hauteur ? Qu'attendait-il d'elle ? Elle pourrait en parler à sa mère ? Elle préférait enterrer son secret avec les souvenirs et garder pour elle seule la voix d'Albert en lui tenant la main et en le promenant doucement, tout doucement de la force de sa patience jeune d'amour, d'espoir et de refus. Avait-il fait vibrer la corde sensible ? Avait-il pincé la harpe de ses sentiments pour la rendre meilleure, plus belle à l'intérieur pour les siècles des siècles, pour sa personne en devenir ? Elle recevait avec sa confiance, sa force pour l'avenir. Elle entendait la voix chérie se taire doucement, d'abord s'enrouer, s'enrouler à ses cordes vocales dans un souffle amer de médicaments irritants, mal digérés et asphyxiants, puis devenir murmure du néant, écho de l'au-delà.

« Passez du temps avec votre grand-père. »

Mordre le vent

Toi tu m'as appris à mordre le vent
À respirer dans l'eau comme les oiseaux
À voler sur terre comme les poissons dans les airs
Je cours jusqu'à toi à l'envers
J'ai appris à nager dans le feu
Et à me noyer dans tes cheveux
Les yeux des chats dans la nuit
C'est toi qui leur as dit
Tu me souris
Quant à moi, de toi j'ai tout appris !

L'univers tient dans ta main, poignée de sable fin
Chaque grain est un monde, jeté à la volée (bis)

Toi tu m'as appris à marcher sur l'eau
À broder les mots à coups de pinceau
Tu as navigué seul dans le désert
Voyagé au centre de la terre
Les yeux des chats dans la nuit
C'est toi qui leur as dit
Tu me souris
Quant à moi, de toi j'ai tout appris !

Et les enfants tentaient d'arrêter le Temps, de lui arracher les ailes ou de les lui scier comme chez le boucher pour garder leur grand-père pour toujours. L'ogre aux dents pourries et à la langue vorace se débattait, se débattait, le Temps ne voulait pas s'arrêter. Faute de pouvoir le mutiler, les enfants finissaient par l'attacher comme on porte un cochon au tournebroche ou un homme au bûcher pieds et poings liés, chevilles et poignets attachés. Des flammes crépitantes léchaient sa chair de poule et le chant des enfants mordait ses oreilles fumantes. Du chœur montait l'harmonie de l'amour compressée comme un fluide, réduite à une essence, à un parfum, à une senteur musicale qui attisait le brasier de son éternelle vigueur.

Le grand-père qui vivait pour écouter ses petits enfants, ne les entendait plus. Perfusion bouchée jusqu'au silence. Albert sombrait, tête en avant au soleil de leur jeunesse qui ne suffisait plus à tenir la mort à distance. Le Temps, lui, renaissait de ses restes carbonisés et l'aïeul en étouffait. Des cendres pâteuses s'aggloméraient dans sa bouche scellée sur son absence. La poussière de feu s'infiltrait dans son être par le nez, par les oreilles, par les yeux et même par la peau qui n'était plus étanche, organe mort à sa fonction. Celui qui s'abreuvait au cœur de la jeunesse en caressant leur voix de ses mains aimantes, celui qui dévorait leur chant de ses yeux avides ne les entendait plus. Il n'écoutait plus que son propre souffle remplir l'espace dans ses moindres replis jusqu'à couper le son, jusqu'à saturer l'atmosphère de silence après l'éclatement des tympans, après la surpressurisation ou la dépressurisation. Les contraires appelaient les extrêmes au secours de leur anéantissement après que la bombe avait explosé et qu'il pleuvait noir sur des corps de verre. Le grand-père les abandonnait et le monde s'enfonçait, s'affaissait jusqu'à sa perte. Tremblement de tout.

Les enfants se regroupaient près du piano, loin du grand-père, pour ne pas le déranger mais chantaient pour lui, pour l'aider de la puissance de leur foi intacte, magnifiée par la douleur de le voir souffrir. Ils entonnaient les chansons de l'enfance, celles qu'ils écrivaient ensemble au temps de l'ignorance. Ils chantaient encore l'espoir de le voir rentrer guéri de l'hôpital. On finirait bien par l'y recevoir, par l'y soigner, pour le leur rendre vivant d'espoir. Pourtant, alors qu'ils rendaient gloire à l'aïeul de leurs voix innocentes, la graisse fondue de la vie coulait de la potence incandescente d'où pendait le temps de l'homme à la corde du condamné à mort. Albert s'épanchait en cambouis douloureux. À petits pas, il reviendrait pour eux en fumée d'éternité, caresser leur avenir et leurs projets, attiser l'espoir et gommer le doute, affirmer le possible pour leur rendre le monde.

À petits pas

Je t'ai entendu respirer
C'était le vent, à petits pas

Je t'ai entendu chanter
C'était mon cœur, à petits pas

J'ai ouvert la fenêtre
Des gouttes d'eau sont tombées, à petits pas

« Papy, tu es notre plus beau souvenir » est gravé dans la pierre tombale. Angel, onze ans, a mieux compris que son frère : le filet de voix, les yeux vitreux et la mémoire diffuse de celui qu'il aimait par-dessus tout. Il a ressenti le présage mais des paroles il n'a retenu que le rythme. La litanie forme dragon. Rouge d'amour puissant, il ondule de vigueur dans les méandres du souvenir présent jusqu'à l'infini.

Il aimait son grand-père plus que tout, plus que son chien, son compagnon de jeux et de couette qui se roulait en boule, sous le sommier, pour ne pas être chassé à coups de balai. De sa cachette, l'animal observait les pieds de la grand-mère, ses jambes qui avançaient coupées sous le genou par le bois du lit sur lequel reposait Angel, et le grand père qui, lui aussi, avançait en disant de sa voix noble :

« Blanche, laisse le petit dormir avec Poncho. »

Et la bête de comprendre qu'ils avaient gagné, lui et son petit maître, son petit maître et lui, grâce au grand-père aimant. Blanche-Neige marmonnait quelque chose entre ses dents en s'en allant, mais ne leur en voulait pas vraiment, pas vraiment ; sentiment incompréhensible pour son entourage, d'avoir fait son devoir jusqu'au bout et de lâcher prise une fois celui-ci accompli. Le devoir n'avait pas l'obligation de victoire, seulement le mérite d'exister encore dans ce monde dont Blanche n'avait plus la clé. Faire entendre sa voix raisonnable à son époque déréglée. Faute de pouvoir la soumettre, elle refusait de se taire même si elle acceptait que le combat fût perdu d'avance.

Sur la télé française naviguaient les images qui justifiaient son attitude. Les enfants rois gavés de publicités se noyaient dans le désespoir du rien. L'écran plat creusait leur tombe sous le regard perçant de la grand-mère qui les y laissait se noyer. Ils ne valaient plus la peine d'être sauvés. Ses petits enfants à elle subiraient bientôt le même sort. Alice les élevait sous l'aile du grand-père qui, disait-elle, les comprenait par jeunisme et les soutenait par besoin d'amour. Elle, Blanche, saurait vivre dans la droiture de ses idées jusqu'à la fin. On l'enterrerait avec ses opinions, mûres jusqu'à l'aigreur. Son discours n'avait aucun sens pour celui qui tout simplement accompagnait les siens.

*

Longtemps Angel s'était mis à la place de son chien. C'était lui qui l'avait nommé, qui lui avait donné le nom : Poncho comme une couverture, un abri. L'enfant vivait dans la peau de l'animal et, quand le grand-père le caressait, il sentait sa grosse main appuyer sur son pelage de toute sa force d'Homme, de courage et de sagesse. À quatre pattes, il savait imiter la démarche du chien, ses reins plus rigides que celui du chat dont il savait également mimer les déplacements, en sentant sa fourrure caresser son ventre et ses flancs musculeux sous la chaleur des poils.

Angel se mettait maintenant dans l'enveloppe de son grand-père. Il le vivait, il le singeait, il en suivait l'exemple comme son chien et s'en faisait le perroquet. Il dormait roulé dans son manteau de cuir marron avec, sur la tête, son chapeau de velours côtelé. Il enfouissait le nez sous les plis de la chemise en boule qui lui servait d'étouffe chagrin, d'essuie larmes et de fourre tout. L'odeur de l'aïeul parfumait les nuits de l'enfant d'intensité douloureuse jusqu'à la béatitude du partage.

Quand il est apparu au cimetière vêtu de son grand-père, Alice a compris. Sa gorge s'est dénouée, la langue qui l'étouffait s'est tapie dans sa bouche et a libéré ses poumons. Alice a pris possession de son chagrin comme d'une fierté, d'un hommage. Elle a suivi l'exemple du fils, admirable d'amour en étendard, à même la peau, à même le corps jusqu'aux tripes. Elle a donné des larmes jusqu'aux ruisseaux et survécu.

La bouchère, son mari et sa fille se tenaient un peu à l'écart. L'épicière était venue, elle aussi, mais seule, sans son époux. On n'avait pas pu leur dire de ne pas venir. On n'avait pas su qu'ils savaient. Ils avaient cru bien faire. On n'avait prévenu personne, mais ils l'avaient entendu dire. C'est ensuite que la boulangère a pleuré, quand elle a su. Comment avait-elle pu ne pas être au courant ?

« Je me demandais où était ce monsieur français, je pensais qu'il était en voyage. Quelqu'un de très bon, toujours si aimable et de très bonne humeur. »

Plus tard :

« Il venait tous les jours, absolument tous les jours acheter deux pains très cuits et le dimanche il prenait des gâteaux. C'était un Monsieur, quelqu'un de très bien élevé. »

On n'a pas rapatrié le corps. On l'a inhumé en terre étrangère pour le garder bien à soi, pour le visiter chaque mois à la date anniversaire. On savait qu'on resterait ici longtemps pour travailler. Comme une fatalité. Les enfants se marieraient et on ne pourrait plus s'enfuir, plus bouger, plus se reconquérir. Et pourtant ce n'était plus si terrible depuis que le grand-père était mort, depuis qu'il était enterré au vent de méditerranée. Depuis qu'il avait faite sienne la terre de l'autre, on l'avait faite nôtre aussi un peu, en même temps. On s'était mélangé à son odeur de sable en regrettant la terre grasse d'autres paysages, verts d'un autre monde.

Le ciel bleu inondé de soleil peut ressembler au bonheur, mais depuis ce jour, l'amour ne coulait plus dans les veines de la fille qui se tarissait à la lumière des autres, de ses enfants qui aimaient ce pays merveilleux de leurs années heureuses. Elle était comblée de bonheur pour eux, mais pour elle ? Était-il si simple de ne plus exister ? Elle avait offert à son père six années de vacances au grand air de son divorce à elle, de sa liberté regagnée, qui l'avait poussée à renaître, ailleurs, loin du gris de sa ville adorée. Comme elle la pleurait sa ville passée et ses lampadaires mouillés qui tremblaient dans la nuit ! Elle en goûtait le souvenir jusqu'au cœur de son chagrin. Comme elle en regrettait les saveurs, les odeurs et ses cuisines du monde. Les sens en éveil, elle la recevait encore sa ville, en voyage, en visite à des amies gardées au fond de son envie de les sentir ne pas l'avoir oubliée, elle, l'exilée.

Elle ne savait pas au juste pourquoi elle était partie. Le divorce, bien sûr, et l'asthme du petit, mais ces incidents ne forment pas, à eux seuls, une existence. Elle s'était enfuie pour s'enterrer vive mais avait réussi à faire semblant sous couvert de courage et d'ouverture d'esprit. Elle n'avait pas refait sa vie, comme ils disent. En surface, tout était beau et grand. Elle maîtrisait, elle gérait sa famille et même la mère, depuis que le père n'était plus. Elles se servaient d'exemple l'une à l'autre, mais si on creusait un peu, vite, le purin remontait à la surface et l'absence d'Albert noyait leur monde dans un destin morbide.

La mère avait été exemplaire à l'hôpital. De ses soixante-dix-sept ans, elle n'avait jamais vu mourir personne et ici ce n'est pas habituel. On ne l'avait pas crue. Ils l'avaient regardée veiller son homme de son amour à nu et ils avaient su que c'était vrai, qu'elle n'avait pas menti. Blanche n'avait vu mourir ni son père, ni sa mère, ni sa grand-mère, ni ses oncles et tantes, ni ses cousins, ni ses cousines et ni la sainte famille. Du dernier hoquet, de la dernière contraction, elle ne connaissait que des images filmiques ou des descriptions livresques. Au cinéma, elle avait observé des acteurs mentir vrai jusqu'à vomir leur fantôme par les yeux... ou presque. Dans les romans, même s'ils succombaient en nombre, les personnages ne crachaient pas non plus leur âme en direct. Blanche était donc novice en la matière.

« C'est une différence culturelle. Vous devez l'accepter. Ma mère n'a jamais vu mourir personne. »

En effet, elle n'attendait de la mort qu'un coup de fil de l'hôpital, à heure ouvrable, vers huit ou neuf heures, juste le temps de dire qu'on ne va pas travailler et de pleurer son humanité sur le chemin de la morgue, dans un brouillard épais de klaxons et d'indifférence à la peine de l'autre, au décès de l'autre, au handicap de l'autre, de l'autre dans sa maladresse, dans ses carences et dans ses faiblesses.

*

Le quinze juin, Albert est décédé en territoire étranger, anéanti, chosifié, anonyme et vaincu par l'incompréhension. Le père aurait dû s'en aller cinq jours plus tôt, le jour de son entrée à l'hôpital alors que ses forces l'abandonnaient. La nature avait programmé sa fin et plus rien ne pouvait le sauver. On ne pouvait que le prolonger, au-delà du raisonnable et de la dignité ; l'œil nu s'en apercevait mais il fallait le consentement des machines pour donner raison au bon sens qui avait perdu la partie.

Albert est arrivé à l'hôpital, à l'heure prévue, le jour prévu, à bout de corde et de lest. Il avait largué ses dernières amarres aux urgences quelques jours plus tôt et le visage déchu de son arrivée à l'hôpital, au moment où on l'y attendait, confondait les soignants dans leur rôle de traîtres à leur conscience. Le vieil homme n'avait pas abusé de leur patience en se rendant à cinq reprises aux urgences, le vieil homme s'y était présenté dignement pour repousser les limites de sa résistance. Du haut de sa fierté honnête à face de bravoure, il avait souri aux urgences comme ailleurs pour ne pas s'avouer vaincu. Il comptait seulement se faire soigner, encore plein d'espoir qu'il était. La douleur qui le rongeait, il l'exprimait avec courage sans la vomir sur le monde comme une haine. Il était exténué de ses propos hachés dans la langue de l'autre que sa fille essayait de rendre compréhensibles, mais on ne prêtait pas attention à lui car sa volonté n'était pas atteinte.

Alice demandait à l'interne de soulager son père et souffrait de l'impuissance du faible, de l'étranger, de l'inadéquat, du petit, de l'ignorant face aux puissants. Elle ne donnait pas de larmes et le père offrait son pâle sourire comme un gage de sa bonne volonté et de son désir de vivre. D'autres patients, accompagnés de leur famille, livraient aux urgences le spectacle de leur souffrance, alors que père et fille affichaient encore l'espoir contenu dans leur présence en ce lieu conçu pour les aider à guérir ou, du moins, à ne pas souffrir. Le sourire du père illuminait à peine ses traits limés par la douleur, mais l'intention restait intacte ainsi que la bonté qui caressait tout ce qu'il regardait.

Certains malades allaient mourir de leur douleur affichée, d'autres non ; certains patients allaient périr de leur souffrance intériorisée, d'autres non, car la douleur ne se mesure pas sur une échelle comme se mesure l'intensité des tremblements de terre. La médecine n'est pas une science exacte pour laquelle telle maladie a pour effet la production de telle quantité de souffrance mesurée en unité étalonnée. Le père endurait en silence car il en avait la force, la volonté, la capacité ou le désir. Il se voulait encore acteur de sa destinée, partie prenante de la scène à jouer et refusait de se rendre, de s'en remettre comme un objet, de se défaire de son humanité. D'autres patients, de part leur constitution, souffraient encore plus terriblement que le père ; d'autres encore n'avaient pas la force de rentrer en eux la morsure, de l'intérioriser jusqu'à en imploser, mais tous avaient droit à l'écoute et au respect.

La fille avait parfois l'impression que s'offrir en spectacle était un sésame dont abusaient les patients pour être admis à l'hôpital, pour être conviés à s'y faire soigner. Plus que les patients eux-mêmes, les proches abusaient du stratagème. Ils affichaient larmes et cris de compassion propre à détruire le moral du malade qu'ils cherchaient à faire hospitaliser à tout prix. Alice ne se permettait pas de juger, elle aurait voulu qu'on fasse de même pour son père que la médecine prenait pour un hypocondriaque capricieux à la présence encombrante. Les familles avaient donc raison de cracher leur souffrance à la gueule du monde pour se faire entendre, sans doute en était-ce la coutume en ces terres qu'Alice méconnaissait de son expérience de six années ? Six années pour se souvenir que le Christ était mort sur la croix que la fille avait perdues/gagnées à faire autre chose !

Cinq jours après sa dernière visite aux urgences, Albert était mourant, et pourtant, le masque qu'il offrait à son arrivée était celui de la courtoisie, de la correction, de la bonne éducation et du respect de l'autre dont la lueur vacillait derrière l'emplâtre de la mort. Mais cette intention de vie, qui avait été prise pour de la santé, n'était plus discernable par des étrangers. Seuls ceux qui l'avaient connu pouvaient interpréter ses gestes spastiques et les mener à terme car la force abandonnait l'aïeul avant qu'il ne les termine, qu'il ne les achève pour les charger de sens. Seuls ses proches pouvaient les interpréter dans leur élan tronqué, amputé de conclusion. Ses intentions devenues ainsi dérisoires, inutiles pour les soignants, témoignaient pour sa famille de sa grandeur passée enfouie dans son être aux mouvements mutilés.

À son arrivée à l'hôpital le jour dit, Albert s'est assis dans un fauteuil roulant et les couloirs ont défilé jusqu'à sa chambre. Sa fille l'a installé à pas feutrés pour maquiller son inquiétude, pour la maintenir en latence. Elle bougeait lentement, les membres engourdis d'extraordinaire, d'inhabituel, de venir à l'hôpital pour trouver un endroit où mourir. Le père était manifestement déshydraté, des jours qu'il buvait à la seringue de toutes petites quantités, des jours qu'elle attendait de le conduire à son rendez-vous avec la science qui avait programmé sa venue. Il en avait été décidé ainsi en un point donné sur la ligne du temps et la situation n'avait pu évoluer. La maladie avait progressé en marge du prévisible mais la machine à soigner n'avait pas reconsidéré, n'avait pas remis en question ses pronostics, son diagnostic. L'intervention devait avoir lieu comme consigné dans le dossier en dépit des signes extérieurs, des modifications, des paramètres nouveaux, des allers-retours d'Albert aux urgences.

La fille attendait pour son père la visite de l'oncologue. Albert n'attendait plus rien, il n'avait pas conscience de la situation. Le spécialiste allait décider de la marche à suivre, du nouveau protocole à établir, de celui dont encore une fois on ne pourrait plus s'écarter même s'il s'était avéré que le premier avait échoué, que les urgences n'avaient pas eu la perspicacité, la volonté ou le pouvoir de décider qu'il devait en être autrement. Le père ne semblait pas souffrir, il n'en avait peut-être plus la force, ou peut-être souffrait-il sans que l'enveloppe de son corps puisse extérioriser la douleur tant il était épuisé d'avoir trop attendu, d'avoir trop espéré qu'on le prenne en charge.

Il était trop tard, trop tard pour l'opérer ; il n'était plus en état de supporter l'intervention. Il fallait d'abord le regonfler, le réhydrater, le stimuler, le perfuser, le le le le... l'empêcher de mourir naturellement. L'acharnement se mettait en place dans l'antichambre de la torture et Alice assistait impuissante à l'enclenchement de l'engrenage. Au moment où le père allait disparaître, au moment où ses ancêtres allaient en éteindre la bougie du vent de leur sagesse, au moment où la fille allait le porter jusqu'à son train de rêves ouatés, au moment où elle allait lui raconter l'histoire qui l'endormirait, se dressait l'implacable serment, guérir, guérir, guérir, tenter de guérir à tout prix, même de la mort dont la nature avait choisi l'instant et dont la médecine décidait l'ajournement.

Le couperet était tombé, la sentence allait être appliquée, le père était condamné à la vie, on empêchait sa délivrance immédiate pour appliquer la loi de l'absurde jusqu'à la cruauté. Alice l'avait-elle conduit à l'hôpital pour se débarrasser de sa mort, pour ne pas l'assumer et la donner aux spécialistes ? Alice se sentait coupable d'obéissance au dictat de l'inepte. Comme il eût été doux de le laisser partir à bord de son lit de toujours, de celui si creux au centre du poids de leurs deux corps, celui de sa Blanche et le sien qui la nuit n'en faisaient plus qu'un dans l'effondrement du matelas qui avait plus de vingt ans, peut-être trente de nuits et d'ébats en mémoire de tissus et de laine compressée !

Dans un rêve pur d'amour soyeux qui se heurtait au réel comme un oiseau se brise contre la transparence d'une vitre, Alice, la conteuse, prenait la main de son père et l'accouchait de la mort par les mots. La voix de la fille épousait le vent jusqu'au dernier soupir accroché à la nuit parmi les sanglots des vivants. Alice la diseuse, la fileuse, la tisseuse, brodait la couche de son père dans la trame des nuages. Il pleuvait sur le monde sous un soleil radieux et le père étirait sa stature dans des songes en lambeaux.

Longtemps, Alice a ressassé ses remords d'impuissance, longtemps Alice a parcouru les images du supplice jusqu'à l'écœurement mais le souvenir d'Albert a survécu à la destruction, à l'empoisonnement, au travail de sape sur son humanité proféré par les doctes d'incompétence. La mémoire d'Albert a pris refuge dans les coins et les recoins du monde, dans les poches de l'univers parcourues de frissons où Alice plonge la main pour retrouver le père.

*

On lui refusait la morphine en quantité suffisante. Il fallait mendier, se prosterner, ramper pour obtenir le soulagement de son être quelques heures, fragments d'instants à l'échelle de son éternelle souffrance. Ses secondes étaient devenues des minutes, ses minutes des heures et ses jours des nuits infinies. Lenteur extrême de la perception du temps de l'agonie. Sa mort aurait fini par durer plus longtemps que sa vie et par en anéantir le souvenir sacré.

« Vous comprenez. A forte dose la morphine peut attaquer les organes vitaux et même le cœur.

— Les organes vitaux ? Son cerveau, sa vessie et maintenant ses poumons sont atteints. Qu'on attaque ses organes à la morphine. Qu'on le délivre du masque à oxygène. (Poids du silence, un instant.) Il croit qu'il a la grippe. La A de l'an passé. Il partira en douceur si on l'aide.

— Ce que vous me demandez c'est de l'euthanasie active.

— Nous ne voulons pas le voir souffrir. Il refusait de souffrir. Il voulait partir. »

La fille pensait au train qu'il n'avait pas pu prendre, rattrapé par la maladie, pris par le temps, pris par la fatigue, par l'abandon de sa destinée, par le manque. Elle pensait à la coupole ensoleillée, au verre étoilé de lumière et s'interrogeait sur ses propres manquements, sur sa promesse, sur l'aide qu'elle devait au père, qu'elle se devait à elle-même, sur son amour pour lui, sur leur profonde bêtise, sur sa haine et sur le masque qu'elle portait à l'hôpital, celui de l'amabilité hypocrite qui se fendillait, qui s'effritait d'heure en heure, de minute en seconde avec sa patience et sa peau à fleur de nerf.

Elle pensait à son devoir de fille et à la lutte qui commençait. Est-elle allée trop loin, allaient-ils se venger sur lui de ses paroles ? « Qu'on l'attaque à la morphine », maladresse, provocation ou franchise du désespoir ? Que voudrait-elle pour ses enfants, pour Ruben, le plus petit, pour Marine, la plus fragile de son adolescence, pour Angel le plus sensible ? Aurait-elle le courage de les débrancher, de les euthanasier ? Aurait-elle le courage de la mort ? Comme tant d'autres mères, elle affirmait préférer la prison à voir son enfant maintenu artificiellement en vie. Mais que faisait-elle pour le père, pour ce grand corps vulnérable comme celui d'un bébé ?

La nuit auprès d'elle, le grand corps se faisait de bois, se faisait tronc mort. La nuit, l'image du père quittait la chambre d'hôpital et formait relief à ses côtés, dans sa chambre, dans son lit. Il appuyait de tout son poids sur le matelas et elle lui caressait les poumons. La main de la fille pesait sur le torse du père qui se sentait encore un peu vivre par ce contact. Le bras d'Alice devenait perfusion, câble d'alimentation, cordon ombilical, ancre d'amarrage ou courroie de transmission entre le père et la fille, qui recevait de lui la force alors qu'il la perdait inéluctablement malgré la main sur son torse dont le pouvoir diminuait progressivement. Il ne savait plus, pas même dans un nuage, qu'il lui transmettait quelque chose, qu'il lui faisait un don de courage ; elle serait la gardienne de ses points de vue, de l'angle duquel il voyait le monde ; elle ferait siennes ses certitudes et ses vertus au long cours, navigables par tous les temps. Elle deviendrait commandant.

Ils ont proposé de l'intuber. Respiration artificielle. De le prolonger à tout prix. L'interne a dit qu'il n'y avait plus d'espoir, mais il a envisagé l'agonie en soin intensif comme une possibilité. Vie assistée par machines interposées. Alice a dit NON ! à la barbarie sans réfléchir qu'elle aurait alors pu intervenir, agir plus facilement ; elle aurait tout arraché. Elle l'aurait débranché.

« C'est le choix des familles. On vous propose de l'intuber. »

L'interne ne semblait pas le vouloir pour le grand-père, jugé en fin de vie, mais il le considérait néanmoins comme une éventualité, un droit pour la famille soudain propriétaire du corps parent dans une logique à sens unique dont l'interne ne percevait pas l'incohérence. On avait pouvoir à s'acharner sur son corps jusqu'à le rendre objet mais on n'avait pas vocation à le délivrer pour lui rendre son humanité.

L'interne était le seul interlocuteur d'Alice, l'oncologue avait disparu. L'interne comme une entité, un bloc, une fonction à tête interchangeable selon les tours de garde, une femme, un homme, un grand, une maigre, un blond, une brune, représentait l'ordre et la hiérarchie, le droit, l'état, le poids de l'église et des siècles passés.

« C'est le choix des familles, répétait-il.

— On choisit seulement d'être intubé ou non, prolongé coûte que coûte au-delà de l'acceptable ou non, mais on ne choisit pas la morphine pour être soulagé de l'inadmissible ? C'était son droit à lui de ne pas vouloir souffrir et le droit de son épouse de vouloir garder de lui une image intacte.

– C'est au médecin chef de décider pour la sédation terminale. Il y a un protocole à suivre. La famille signe une autorisation sur proposition du médecin chef. C'est lui qui décide une fois le malade...

– Va-t-il proposer la sédation terminale dans le cas de mon père ? Il faut gagner du temps.

– Une fois tous les examens terminés le médecin chef se prononcera. »

Découragée, la fille ne savait pas si elle devait insister. Ils pourraient bloquer le processus volontairement, pour se venger de sa hardiesse, de son outrecuidance, afin d'affirmer leur pouvoir sur elle l'étrangère. C'est à cet instant qu'elle pensa faire venir un ami, quelqu'un de confiance, un collègue de travail, pour la seconder, quelqu'un qui parle la langue et la respire, en maîtrise la vie dans ses subtilités pour ne pas braquer les interlocuteurs ; le temps pressait et il fallait délivrer le père de sa vie de mort. Elle allait bientôt se rendre compte que la barrière entre leurs mondes n'était pas la langue mais bien le temps, le siècle des uns qui n'était pas celui des autres, l'obscurantisme bon teint contre la sensibilité ou l'intelligence sensible qui n'avait rien d'avant-gardiste.

*

« Il faudra lui racler la langue. »

L'infirmière regardait la fille d'un air entendu ;

41

c'était à elle de lui laver la bouche écumeuse d'amidon de riz, pâteuse de déjections buccales. C'était à elle de le veiller la nuit pendant que les infirmières riaient dans leur bureau fermé. C'étaient à elle de palier le manque de personnel comme une heureuse coutume, un penchant humanitaire, une bénédiction pour le mourant qui s'en allait en famille, entouré, enrobé, langé dans sa souffrance. Accouchement sans péridurale, « tu enfanteras dans la douleur » comme tu mourras sans que personne ne te soulage. Barbarie du dictat de l'acharnement : on te prolongera, on t'empêchera de partir, on t'arrachera aux crocs de la mort pour que tu profites davantage de ta souffrance jusqu'au bout de ta putain de vie ; tu saigneras sur le gril, strié de fers rouges et de déchirures internes, d'œdèmes, d'escarres, de métastases et de ganglions qui danseront dans la cage de ton corps sur les aiguilles de ta douleur à vif, à même le matelas. Tu t'arracheras les perfusions ; tu te pisseras dessus quand ta fille partira travailler, à huit heures du matin, pour gagner le pain de tes petits-enfants hébergés chez des amis pendant que leur grand-mère dormira la nuit pour te veiller le jour afin que le malade ne soit jamais, jamais, tout seul.

« Vous comprenez, il est entré nu dans la salle où se reposaient les internes. Vous êtes partie à huit heures, votre mère n'est arrivée qu'à neuf. Il aurait pu tomber dans les escaliers. Il aurait pu se tuer. »

Il était en train d'expirer, de périr, de trépasser dans une angoisse insoutenable et il aurait pu se tuer ! Il cherchait à s'évader, disait qu'il était en prison. Il en faisait le tour et cherchait d'une main tremblante les ouvertures, les fissures dans les fenêtres scellées sur son échec. Il avait raté son train puis il l'avait oublié. Sa petite fille, Marine, qui avait eu seize ans le vingt mai, le soutenait, le promenait et l'enlaçait de son amour si vieux pour son âge, de son dévouement jusqu'à la torture lorsqu'il ne l'avait pas reconnue. La présence de l'enfant l'apaisait par instant ; par instant seulement, car même l'amour le plus puissant, le plus englobant, le plus pur ne suffisait pas à le calmer tout à fait. Le mal qui l'emportait avait pris possession de lui jusqu'au chaos.

« C'est qui, elle ?

– C'est moi, Marine.

– C'est Marine. Tu sais bien, ta petite-fille. »

La fille a emmené la petite dans le couloir pour lui expliquer les dégâts, la vessie, les poumons et l'œdème au cerveau. Alice a expliqué à Marine, le chapelet de métastases qui se déroulait dans le corps de l'aïeul, dans son cœur si lourd et dans son âme aussi qui venait de rater son train. Le soleil s'éteignait de son coucher flambant sur la coupole fondue qui disparaissait de ses rêves.

Le lendemain, l'enfant est revenue quand même, et il l'a reconnue. Elle est revenue pour lui, mais pour elle aussi, pour qu'il la reconnaisse à force de tendresse. Elle lui a caressé les cheveux des heures durant, puis il a pris sa main, si fragile, qu'il a posée sur sa poitrine pour qu'elle le masse. Depuis des jours, si peu et pourtant si nombreux, il ne pouvait plus parler. Sa voix, dans un murmure, balbutiait l'incompréhension émaillée d'incompréhensible. Ses cordes vocales, soudain usées, raclaient sa gorge de contrebasse poussiéreuse aux notes vermoulues, poussives, pensives dans ces moments d'effroi. Mais la main de la petite le soulageait de compassion jusqu'à l'empathie, en rond sur le poitrail de bœuf écorché sous sa peau diaphane aux écailles pelées de cloques rouges éparses. Le calme ne durait qu'un moment, de plus en plus court. L'aïeul se concentrait un instant sur son bonheur de grand-père aimant, puis la souffrance emportait sa résolution de calme dans une pointe asphyxiante de terreur à brut sur le néant. Lentement, la main de la petite le rappelait à la vie jusqu'au prochain pic. L'impression de la veille avait disparu, ils pouvaient compter l'un sur l'autre.

« Lorsque mon grand-père souffre c'est comme si on m'arrachait la jambe. »

L'enfant avait relayé sa grand-mère qui n'en pouvait plus de ses soixante-dix-sept ans pourtant fringants. Le fauteuil gris à dossier inclinable lui avait rompu les os, moulu la colonne vertébrale sous le regard du Christ qui la jugeait de son perchoir accroché au mur de la chambre. Hallucination, il n'y avait pas de crucifix dans la pièce morte et pourtant elle avait cru en voir la tête inclinée sur la croix. Il s'agissait d'un hôpital laïc, mais tout de même, c'était une fondation ; les donateurs avaient exigé un Christ au sous-sol, dans l'entrée de l'athanée où étaient reçus les défunts au sortir de leur chambre. L'hôpital était nu d'artifices religieux mais le funérarium n'en était pas exempt et se vengeait de l'impiété des étages en exhibant un Christ grandeur nature affublé de laideur et de bois vernis. On pensait aux autres religions qui n'étaient pas représentées. On pensait à la liberté de culte et de conscience, aux contradictions et aux incongruités.

De l'autre côté du Crucifix, de l'autre côté du mur qui le soutenait, l'espace était à jamais imprimé de l'image pharaonique du père béatifié, divinisé sur l'autel de sa croyance païenne, polythéiste et lumineuse de figures anthropomorphes. Alice souriait en larmes chatoyantes. Par le soupirail, le soleil bénissait le père de ses rayons magiques et sa peau olive se satinait de lumière jusqu'au mat rosé sur les pommettes. Son costume impeccable tombait sur ses chaussures cirées et sa chemise bleue de splendeur éclairait son visage magnifique. Cette image écrasait de sa puissance la mâchoire crispée et les lèvres raidies sur des pensées macabres déposées sur un oreiller d'hôpital le quinze juin. Le pharaon éloignait les charognards dans un souffle prodigieux qui le rendait immortel. Alice était fière de sa mort comme un père qui traverse la nef pour conduire sa fille à l'autel.

*

Alice, la fille, n'a pas voulu que Marine assiste aux dernières heures de son grand-père, les plus terrifiantes de souffle de forge et de cœur en alerte rouge – ce grand corps encore fort rattaché à la vie par des cordes rauques de râles abyssaux et son thorax qui se déchirait en un milliard d'aiguilles souillées. La grand-mère, à ses côtés, maudissait ce pays qui lui infligeait cette veille à laquelle elle n'était pas culturellement préparée. Elle venait de perdre la trace de son homme, de son vieux qui ne cherchait plus sa main. Sentait-il encore sa présence ? Elle pensait sincèrement que non, qu'il s'était replié sur sa souffrance comme un dinosaure englouti. Elle pensait à lui plus qu'à elle, à son agonie inutile et à ce train qu'il n'avait pas pu prendre, au Nord qui s'éteignait de lambeaux d'impuissance, à la coupole vitreuse comme une ampoule usée. Elle pensait à elle aussi, à son corps de vieille qui, sans dormir dans un lit, pourrait bientôt disparaître aussi. Elle n'avait plus peur. Il avait toujours peur pour elle, de sa supposée fragilité. Elle se sentait forte de ses convictions mais ne trouvait pas les mots pour se faire comprendre. Son regard en disait pourtant plus long que ce qu'elle croyait même si l'interne ne voulait pas perdre la face. Il refusait de céder à la fille qui l'entretenait d'euthanasie sans en prononcer le mot mais, par la porte entre-ouverte, il guettait la mère dont il tiendrait l'âge en compte.

« C'est d'euthanasie active dont vous voulez me rendre coupable.

– Coupable d'atténuer la souffrance d'un homme. »

Alice fouillait sa conscience et se reprochait amèrement de ne pas réussir à convaincre la médecine.

« L'euthanasie est un crime. Vous êtes une famille d'assassins ! »

L'interne avait prononcé ces mots dans le couloir et se réfugiait déjà dans une autre chambre, une autre histoire, un autre décès potentiel, alors que la fille perdait pied, s'enfonçait dans le sol de rage impuissante. Elle n'avait pu éviter le dérapage. Elle était seule face au pire. La situation lui échappait et l'ami qu'elle essayait de contacter n'était pas joignable. Elle avait un besoin urgent de son aide. Elle voulait, plus que jamais, qu'il mette mots sur sa douleur et qu'il la communique en termes décodables, convenables aux oreilles susceptibles de la médecine locale.

La scène s'était tenue au regard des autres qui, aux yeux d'Alice, n'existaient plus depuis que le père était à l'hôpital, mais dont les fantômes avaient repris corps sous le fouet des paroles cinglantes de l'interne. « Famille d'assassins ! » La fille se sentait giflée dans son amour si vrai. Elle revoyait cette mère qui avait tué son enfant de ses mains pour mettre un terme à son martyre, pour le libérer de la bête qui l'habitait. Leurs visages avaient fait la une des journaux. La mère ne regrettait rien. Était-elle coupable de meurtre ? Avait-elle arraché son fils à l'agonie, lui avait-elle offert le soulagement, l'avait-elle délivré de la torture de l'acharnement thérapeutique ou l'avait-elle assassiné ? Alice connaissait sa réponse à ce questionnement et l'interne lui semblait le grand inquisiteur sous sa cagoule du Ku Klux Klan. Années 2010, Europe du Sud.

*

Alice l'entendait de l'escalier, elle savait que c'était lui, le moteur en surchauffe qui ne parvenait pas à se rompre. Il lui criait à l'aide de tout son amour. Il l'appelait à son secours. « Qu'on en finisse, qu'on me soulage » hurlait le mécanisme usé dans un sursaut d'énergie terminale au râle titanesque. Il ne lui pardonnerait jamais cette humiliation qui durait au-delà du possible, au-delà du visible. Si on était entré dans son corps, on aurait vu les cellules en feu se télescoper de douleur, se percuter de terreur à bout de souffle et de raison, à bout d'amour de la vie et avide de mort, de délivrance, toutes de courts-circuits et de plombs fondus, de corps calcinés et de membres arrachés, de clous, de poudre de verre jetée à la face d'un mourant.

La fille n'aurait pas dû le conduire à l'hôpital. Non assistance à personne en danger. Elle aurait dû le laisser s'éteindre en paix, chez lui, chez eux, sous les arbres près de la haie, avec son chien entre les jambes, même s'ils ne se voyaient plus vraiment. Une fois à l'hôpital, puisqu'hôpital il y avait, elle aurait dû lui retirer le masque à oxygène les tout premiers instants mais ses yeux l'imploraient. Albert avait encore conscience que l'appareil l'aidait à respirer. Il croyait avoir la grippe et pouvoir se soigner. Il demandait à voir le Docteur D, son médecin traitant, alors Alice remettait le masque sur son nez délicat. Elle n'acceptait pas qu'il souffre. Elle refusait qu'il meure étouffé dans ses propres fumées et voulait lui procurer une mort douce, un appel cotonneux vers la bénédiction, vers la lumière. Le tunnel de la vie débouche sur l'angoisse juste avant le virage de la sortie, celui qui empêche de voir au-delà ; la fille souhaitait en offrir au père une vision apaisée de mort sous péridurale, d'accouchement final comme on s'enfonce dans la ouate.

Alice a refait surface avec le râle d'Albert qui s'est intensifié. Elle est entrée dans la chambre, convaincante de douleur, et elle a insisté pour qu'on redonne de la morphine à son père. L'infirmière a parlé à l'interne. Elle est revenue avec une piqûre, une seringue pleine d'espoir et de sérénité. Le râle s'est calmé.

« Il en avait besoin, a dit l'infirmière.

– Mon père…

– Venez me parler dans le couloir ; on ne sait jamais ce qu'ils entendent, ce qu'ils comprennent. »

L'infirmière pensait donc qu'il restait au père une forme de conscience, qu'il pouvait éventuellement entendre et peut-être même souffrir de son état. Elle semblait en avance sur ses contemporains, du moins dans cet hôpital rétrograde. Pourtant, elle ne nommait pas Albert ; elle l'englobait dans une catégorie inclassable qu'elle tenait à distance de sa propre personne. Ils, eux, les mourants, ils, eux, les moins qu'humains, chosifiés, à qui elle accordait cependant le statut d'entendant au-delà des brumes de l'incertitude. La fille se raccrochait à l'espoir que l'infirmière intervienne auprès de l'interne pour qu'il accède à sa demande : donner de la morphine au père à intervalles réguliers, afin qu'il bénéficie de ses effets en continu et non par intermittence selon la bonne volonté de ses bourreaux.

Dialogue de sourd entre l'infirmière et l'interne qui, de sa puissance armée de dédain, l'avait éconduite. Il proposait, lui, de pincer Albert pour prouver qu'il ne souffrait plus. Alors la mère, éblouissante de confiance en soi et en son amour éternel avait lâché, dans la langue de l'autre :

« Je ne vous crois pas. »

Puis, sans donner le temps à l'interne de répondre, elle lui avait demandé de sortir. Elle, l'étrangère, au regard bleu délavé par les années, s'était enflée d'autorité et ses yeux, soudain d'acier, avaient affirmé le pouvoir de l'épouse, de la mère, du bon droit et de la connaissance – le corps du père souffrait au-delà du tolérable ; le corps du père lui appartenait.

« Je vous demande de sortir. »

Elle voulait se rassembler, consulter sa fille, ne plus subir mais agir au nom du père qui les avait toujours aidées. Elle devait prendre son devenir en main, renoncer à l'inconfort de la passivité, ne plus s'en remettre aux tiers.

L'interne était hors de lui, mais hors de nuire. La mère imaginait ses ongles rouges d'inquisiteur s'enfoncer dans la chair moite du mourant jusqu'au sang pour démontrer son insensibilité. Elle en avait la nausée. L'œil de son esprit voyait sa peau se fissurer et ses veines éclater sous la torture. Comment avait-il eu le cran de proposer cette infamie, lui, le médecin, le docte, le savant ? La prenait-il pour une inférieure, une femme ignare d'âge et sans culture ? Il était habitué à prendre de haut les soignants ainsi que les familles, humbles de chagrin et de respect pour son savoir et son statut, sa position sociale et son argent, ses relations et son pouvoir. Le notable d'un autre temps se profilait en arrière plan, symbole de l'immobilisme d'une société figée dans l'obscurantisme. Sentiment de supériorité malsain, dédain affirmé d'un âge révolu auquel la mère n'était plus habituée. Le médecin, l'instituteur, le maire du village de son enfance grimaçaient de leurs dents jaunies sur des photos en copeaux de mémoire. Soudain, le rire de son propre grand-père, celui à la pipe et à l'ulcère à la jambe, s'élevait du fond des temps pour faire trembler les morts. Blanche recevait le passé comme un gage de postérité, comme une soif de vaincre et de transmettre. Ses petits-enfants en robes d'antan s'alignaient dans des souvenirs à venir. Les époques se télescopaient de pays en saisons et la mémoire du futur rendait Angel, Marine et Ruben à leur avenir passé. Cacophonie exubérante au seuil de la disparition du père, de sa délivrance tant espérée de mépris pour ses tortionnaires.

Blanche parlait à sa fille au téléphone pour lui raconter le sadisme de l'interne et son intention de martyriser Albert sur son lit de mort. Bientôt, Alice arrivait pétrifiée de honte face à son incapacité à convaincre la médecine de mettre un terme à la souffrance du père. Chaque jour, elle s'épuisait à faire son possible pour intervenir, pour exister face au pouvoir de l'absurde. Elle ne parvenait pas à rencontrer le médecin chef. Faisait-elle réellement tout ce qui était en son pouvoir ? La peur des représailles, de la vengeance des puissants, l'empêchait-elle d'agir pleinement ? Un pas en avant deux en arrière, deux en avant, un en arrière, dans un piétinement lamentable d'hésitation désemparée. Comment faire pour être entendue, écoutée, convaincante ? Le médecin chef n'était jamais à l'hôpital aux heures où elle s'y rendait. Les infirmières et tout le personnel soignant ne comprenaient pas qu'elle ne se rende pas plus disponible. Personne ne tenait compte du fait que sa famille, à elle, habitait à deux mille kilomètres de là et que les gardes privées n'étaient pas dans la culture des gens ordinaires de son pays. Elles y étaient considérées comme un luxe et seuls les très riches en avaient le caprice. De manière générale, en France, le personnel hospitalier s'occupait des malades et les familles ne se trouvaient pas dans les chambres à toute heure du jour et de la nuit ! L'infirmière chef se faisait porte-parole des voix de l'hôpital pour tenir tête à Alice.

« Vous devez vous adapter aux usages du pays qui vous accueille.

—Vous devez cesser de me faire culpabiliser.

—Si vous étiez sûre de vous, vous ne culpabiliseriez pas.

—Je me sens coupable d'avoir amené mon père ici.

Elle repensait au train qu'il avait raté, au soleil sur le verre de la coupole et poursuivait sur un autre terrain.

–Je suis loin de ma famille et ma mère doit dormir. Elle s'use sur ce fauteuil à veiller son mari.

–Et vous ?

–Je passe la nuit ici quand je le peux. J'ai pris quelques jours de congé, puis j'ai dû retourner travailler. Mes enfants vont à l'école. Mon père n'aurait surtout pas voulu qu'ils manquent, même pour le regarder mourir, surtout pas pour le regarder mourir. »

Elle pensait à sa fille aînée qui était déléguée et qui devrait assister, le lendemain, à un conseil de classe, à son courage et aux professeurs qui étaient au courant et lui pardonnaient les devoirs non faits. La surveillante semblait vouloir, avec acharnement, la désintégration de sa famille, sa chute dans les profondeurs du drame, alors que tous luttaient au nom du père, en souvenir de ce qu'il était, pour « garder toujours la tête hors de l'eau et avancer coûte que coûte. » Alice se sentait harcelée par l'infirmière chef. Elle ne demandait jamais à lui parler mais celle-ci toujours prenait les devants pour lui reprocher ses absences. La croyant peu influente Alice n'avait pas fait attention à elle jusqu'au jour où elle l'avait vue la désigner d'un œil noir à l'interne. Dès lors, la fille s'était sentie traquée. Les conversations avec les internes successifs la laissaient sur ses gardes et la submergeaient d'impuissance, mais le regard réprobateur de la surveillante la brûlait comme un lance-flammes. Il lui cuisait la conscience de reproches insidieux dont elle ne se débarrassait qu'à force de raisonnements et de logique introspective. Toujours, l'amour qu'elle avait pour son père la sauvait du piège de la culpabilité et la renforçait dans ses convictions. Mais à quel prix !

*

Albert était mort à l'âge de quatre-vingts ans ; tous savaient qu'il s'agissait d'un aboutissement prévisible, d'une issue naturelle, d'un banal état de fait qui prenait soudain une dimension colossale de par le traitement qui avait été infligé au malade, de par son agonie inutilement prolongée, mais aussi, de par la place, le rôle, le rayonnement du grand-père au sein de sa famille déracinée. Alice devait accepter la charge et le poids du relais et l'assumer en terre étrangère. Gageure immense au soleil des autres.

Il lui fallait faire son deuil, mais l'apaisement lui était refusé. Les derniers jours du père lui revenaient pêle-mêle dans un fouillis d'images et la culpabilité s'installait dans son esprit contrit de regrets. Au temps de l'agonie, si lointain et si proche à la fois maintenant qu'Albert n'était plus, Alice s'appuyait sur la haine qu'elle éprouvait à l'égard du système anachronique dont son père était victime pour museler le remords jusqu'au silence. Au temps de l'affliction, la vérité nue comme la dépouille d'Albert entre les linges de l'éternité apparaissait à Alice dans son effroyable simplicité. Elle n'avait pas su accompagner son père, jusqu'à la gare, jusqu'à son train. En lui refusant son aide, elle avait trahi sa confiance.

Comment avait-elle pu laisser faire les médecins, elle, Alice, d'ordinaire si convaincante ? Comment avait-elle autorisé le doute à s'emparer d'elle, l'hésitation à paralyser sa volonté ? Comment leur avait-elle permis de torturer son père au nom du dictat inconscient de l'obscurantisme, soubresauts d'une foi officielle mal ensevelie ? Comment ? Comment ?

En boucles serrées de pelote emmêlée, lui revenait la bataille de l'hôpital qui hantait chaque minute de sa vie. Elle voyait son père mourir puis arriver aux urgences, tenter de s'échapper et recevoir sa première injection de morphine, esquisser un sourire à l'infirmière et sombrer dans le coma, être renvoyé des urgences comme un parasite encombrant puis sortir de sa chambre les pieds devant dans un sac à fermeture éclair, tendre le cou du bout des lèvres pour recevoir un baiser, cligner des paupières sous les néons : plein feu sur la visite du médecin, sur la veine qui se rétracte au contact de l'aiguille dans un réflex d'autodéfense, sur les clous qui obstruent les voix respiratoires, sur la couche humiliante d'urine et de diarrhée, sur le cauchemar et la détresse.

*

En frappant à la porte du bureau du médecin de garde, Alice était tombée sur un énième interne. Il avait appris, ce qu'il appelait le malentendu survenu entre la mère et son confrère, sans doute à cause de la langue. La fille voulait également l'entretenir de son altercation avec la surveillante, de l'impossibilité de rencontrer le médecin chef, de l'incompréhension totale du corps médical vis-à-vis de la situation et de la manière dont on la harcelait au téléphone, jour et nuit, pour qu'elle se déplace et constate l'aggravation de l'état de son père.

« Je sais qu'il va mourir. Je connais son état. Vous avez le pouvoir de le soulager. Pas moi.

— Vous devriez relayer votre mère plus souvent. Nous avons beaucoup de mal à communiquer avec elle. Elle part souvent bien avant votre arrivée.

— Je ne sais pas s'il s'agit d'un problème de langue, de culture ou de personnes. Il faut soulager mon père. C'est tout. Vous ne m'avez pas écoutée. Vous répétez en boucle des paroles convenues.

— Il ne souffre pas.

— Au dix-neuvième siècle, on pensait aussi que les bébés ne souffraient pas.

— Bien sûr qu'ils souffrent.

— Autrefois, on pensait le contraire. On ne les soulageait pas. »

L'interne ne paraissait pas très informé sur le sujet. Il semblait gêné par ce rappel historique même s'il ne le comprenait pas vraiment, faute de le mettre en relation avec la situation.

« Dans vingt ou trente ans, on fera la preuve que, même dans le coma, les humains savent et souffrent d'une manière qui leur est propre mais qui reste de la douleur, un type de mal d'une nature insoupçonnée, indescriptible à notre perception incomplète de bien portants ».

La fille pour sa part pensait que son père s'était dédoublé et qu'il assistait à l'agonie de son corps comme à celle d'un être aimé. Il se voyait mourir et en avait la nausée jusqu'à la sécheresse de ses larmes. Il regardait ses poumons trembler, chambres à air élimées bosselées de glaires pathétiques, et il pleurait intérieurement sur son humanité avilie, punie, niée. Sans la médecine, il serait mort depuis des jours ; sans le masque à oxygène, il aurait étouffé d'impuissance à forcer ses poumons à lui insuffler l'air vital ; sans la perfusion de vie, il serait mort déshydraté depuis toujours. Depuis toujours, en effet, car son calvaire prolongé anéantissait sa vie passée. Il n'avait jamais existé. Les souvenirs qu'il avait eus un jour de lui enfant, adolescent, jeune marié, il les avait rêvés quand il lui était encore donné de s'assoupir, de s'endormir superficiellement quelques instants. Entre deux crampes, entre deux pics, deux décharges électriques qui ponctuaient son existence comme une horloge à épines dont chaque minute enfonçait son dard dans son épiderme endolori, il rêvait sa vie d'homme hors les murs, hors l'enceinte de la maladie. Il chérissait ces instants volés à sa destinée de condamné comme autant de moments heureux d'une vie à venir, qu'il retrouverait après, un jour, quelque part pour toujours ; rêve prémonitoire, jouissance initiatique, extase du songe qui émerveille, rupture des frontières.

En cessant de dormir il cessa de rêver et sa vie

disparut dans le coma de l'oubli.

Si Alice ne l'avait pas conduit à l'hôpital, si elle l'avait laissé mourir chez lui, aurait-il gardé le souvenir du passé ou se serait-il noyé dans les limbes d'un avenir déchu ? Il était sans doute trop tard pour son train, mais il lui restait la dignité d'une délivrance à terme sans acharnement. Le remords taraudait la fille qui se rongeait l'estomac jusqu'à la bile et le cerveau jusqu'à l'épuisement. Elle était coupable de haute trahison pour avoir manqué à son père et cautionné la perte de son humanité, validé l'anéantissement de sa vie, l'ensevelissement de son passé, la mort de ses rêves et la transformation de son être en bête de souffrance.

Entre chaque piqûre de morphine il fallait redemander l'autorisation, donnée au coup par coup, de poursuivre les injections. L'infirmière impuissante ne pouvait pas prendre de décision et la famille n'en avait pas non plus le droit. Il fallait que l'interne fasse sa ronde chaque matin et signe l'ordonnance : traitement en pointillé qui ignorait la pompe à morphine, le soulagement continu, la ligne droite vers le calme.

« Ce n'est pas à l'interne d'envisager le protocole de sédation terminale mais au médecin chef. »

Et le médecin chef qui ne proposait rien de son bunker aseptisé d'étage élevé, hermétiquement sourd aux râles du père et aveugle à ses torsions, et la famille qui répétait aux sous-fifres qu'il y avait plusieurs définitions possibles de ce que l'on entendait par phase terminale !

« Si une fois la vessie, les poumons et le cerveau

atteints on ne peut pas parler de phase terminale quand le patient ne peut ni parler, ni avaler, ni boire, ni manger, ni dormir, ni bouger, quand peut-on en parler ? De quoi s'agit-il donc ? Le jargon propre à toute spécialité est-il toujours synonyme de mensonge et d'hypocrisie ?

– Je vous le répète, pour que le patient propose à la famille de signer un protocole de sédation, il faut que le médecin chef entre en phase terminale. »

Il fallait donc que le dossier remonte dans une lenteur kafkaïenne jusqu'au lapsus pour que le père soit soulagé. Il fallait donc qu'il empreinte les couloirs du labyrinthe administratif pour atteindre le médecin chef. Le dédale de l'insensibilité devenu spirale de l'absurde, éloignait les esprits et les cœurs des services en son, lumière et odorama où le purulent côtoyait le gangrené, le saignant le bileux et les brûlures les vomissures ; où les gaz d'échappement se mélangeaient aux liquides de refroidissement et les huiles calcinées au caoutchouc fondu. Alice devait, se devait et devait à son père de prendre le risque d'irriter le chef mécanicien en le confrontant à la dimension humaine des services de son atelier de mécanique. Pour ne pas crever d'impuissance, elle affirmait sa volonté contre les boutons lumineux, les ordinateurs et les robots à maintenir la vie là où déjà la mort s'enracinait.

Déontologie hypocrite d'une machinerie rétrograde dont elle avait saisi des bribes dans l'antichambre du bunker :

« La mort fait partie de la vie, c'est

l'aboutissement d'un cycle. Les occidentaux n'intègrent plus la mort dans leur quotidien » expliquait un interne à une femme étique aux cheveux ras dans un pyjama trop grand, roulé à la taille autour d'un élastique lâche. « Ils tiennent la mort à distance et son éloignement entraîne des comportements inadéquats lorsque qu'ils sont inévitablement confrontés à elle, qu'il s'agisse du décès d'un proche ou de leur propre fin ».

Alors que des patients à bout d'espoir venaient chercher l'apaisement aux urgences, les internes les réconfortaient des paroles convenues d'un discours déplacé dans les circonstances, d'une conception tronquée à laquelle il manquait une facette. La gestion de la douleur restait dans l'ombre comme la mort, elle-même, maintenue à distance par l'acharnement thérapeutique en dépit du discours de surface.

Alice entendait rétrospectivement la voix de l'interne vibrer en elle. S'agissait-il du boucher de son père, de celui qui agitait la menace de le saigner de ses ongles tranchants ? S'agissait-il du grand inquisiteur qui brandissait son pouvoir comme un rouleau compresseur, machine à anéantir la volonté des patients et de leur famille ? Intégrer la mort au quotidien puis, dans une contradiction magistrale, la maintenir à distance au moment où elle va triompher, l'empêcher coûte que coûte d'emporter sa proie après l'avoir préparée, par le discours, à se laisser enlever dans le recueillement et l'acceptation du cycle de la vie.

Une vieille édentée souriait de ses lèvres froncées

dans la nuit profonde de Narayama. Alice observait sa silhouette s'enfoncer dans le lointain, se fondre à l'impassibilité de la brume mortuaire jusqu'au détour du chemin. Alice accusait Dieu d'exister dans son siècle alors que l'esprit de la rivière s'adressait, en vain, à son oreille absente noyée de brouillard. Bientôt, l'ombre du grand-père se baignerait dans les ruisseaux du monde et envelopperait Alice de souvenirs heureux. Il suffirait à la fille d'ouvrir ses sens aux rêves de l'aïeul.

*

Il aimait tant ce pays qui l'avait accueilli en grandes vacances tandis que d'autres vieux attendaient la mort au coin du vide, devant la télé à téter les crises et les embuscades à main armée ; à broyer le chômage de leurs dents usées avant de l'ingurgiter. Albert lisait les journaux dans cette langue étrangère qui lui devenait familière à force de tendre l'oreille, de feuilleter le dictionnaire, de faire les courses et de conduire les enfants à l'école. Il lui fallait alors, coûte que coûte, se débrouiller, avancer, progresser malgré l'âge et l'étrangeté qu'il devait dépasser comme on refuse la mort. Blanche disait à quoi bon, « pour aller où on va ! C'est comme apprendre le piano à la retraite, quand il n'est plus l'heure, c'est plus l'heure ! »

Albert, lui, montrait l'exemple aux enfants. Jamais il ne fallait perdre la soif d'apprendre et joindre l'utile à l'agréable. Il humait les senteurs du marché central, marché couvert au cœur de la vie, au cœur des hommes et bavardait avec les marchands. On connaissait ce Monsieur français qui faisait tant d'efforts pour dévoiler sa nature aimable dans une langue hachée, pas encore bien maîtrisée, que nul ne lui reprochait. Il tenait ses petits-fils par la main. Jamais les enfants ne refusaient d'accompagner leur grand-père. Si, par hasard, Albert restait un moment sans aller au marché central, l'un des garçons le rappelait à l'ordre en proclamant que les produits y étaient bien plus naturels qu'à l'hypermarché... Après les courses, ils iraient à la pâtisserie française se délecter des saveurs de l'Ailleurs, de leur Ailleurs, de celui qui appartenait au passé du grand-père, à ses histoires d'enfant de la guerre, de jeune de l'après-guerre...

Il aimait de ces contrées le sourire des commerçants et les gamins dans les rues, le soleil qui donnait à chaque visage l'expression satisfaite de vivre au Paradis. D'ailleurs, tous le disaient : « Comme on vit bien ici ! C'est ici qu'on vit le mieux ! » À quels autres rivages s'étendait la comparaison ? Englobait-elle la terre entière ou ne concernait-elle que les pays européens ? S'étendait-elle à tous les pays occidentaux, reléguant les autres cultures à un arrière-plan qui ne relevait pas de la comparaison ? Arrière-plan indigne d'être comparé à l'Ici qui, au dire des autochtones, supplantait déjà le mieux et qui de ce fait n'avait pas besoin d'être comparé au moindre. Extrême confiance que la crise économique viendrait bientôt remettre en question de manière brutale et de longue durée.

Albert regardait avec bienveillance les jeunes

sortir jusqu'au grand soleil du lendemain, rentrer bien après l'aube, découcher jusqu'au soir suivant. Il lisait de la jeunesse qu'elle était « insomniaque et trompée par les apparences, fruit d'une société à la limite de ses ressources ». Il entendait dire des jeunes qu'il leur fallait trouver un second souffle. Marine n'avait que seize ans ; elle saurait bien s'en sortir. Depuis longtemps déjà, elle ne l'accompagnait plus au marché central, mais elle saurait y revenir ; elle quitterait ses lunettes noires pour admirer les couleurs, recevoir les senteurs des étals admirables aux empilages astucieux de jaunes de rouges de verts et de grenats, aux pyramides juteuses de pulpes de fruits mûrs.

Albert refusait de penser qu'il avait vécu l'âge d'or, que le passé c'était mieux, que la France c'était autre chose tout de même ! et que ses petits-enfants étaient mal élevés, enfants rois ou enfants gâtés, qu'ils le paieraient cher comme tous ceux qui brûlaient leur jeunesse par les deux bouts, hypothéquant leur avenir au soleil des illusions. Albert affichait la bannière de son optimisme pour conjurer le sort et contredire sa Blanche qui tendait à sombrer du côté de l'âge, du négatif, du pessimisme, du passéisme. Ses yeux se fermaient peu à peu à l'éclat du paysage.

Pour conduire sa famille à bon port, il fallait éviter l'écueil des drames et toujours arrondir les angles, limer les aspérités. Parfois, au contraire, lorsque l'affrontement couvait de nerfs à vif, il fallait crever l'abcès avant la septicémie, désamorcer la crise avant la guerre, la bombe avant l'explosion, puis creuser, creuser la surface pour trouver les raisons et couper les racines du mal, les ailes du trouble, parler peu mais parler vrai, d'émotions et de pudeur, et donner de l'amour et du temps pour être en droit d'exiger. Art de vivre, art d'aimer, art de faire face et de gouverner dans l'harmonie qui était dû à un tempérament bien plus qu'à une science, à un savoir-faire inné plus qu'à une doctrine ou à une philosophie, aura, don, grâce, état d'une nature charismatique.

Alice savait qu'elle aurait du mal à s'acquitter de la tâche et qu'ils couleraient tous avec le capitaine le jour où celui-ci lâcherait prise. Elle ne pourrait jamais relever le défit. Lorsque son père lui parlait de son train, de celui qu'il prendrait pour échapper à la souffrance ou à la déchéance, elle faisait mine de le croire invincible, insubmersible, immortel. Elle humait à son tour les fruits de la vie, les senteurs de la rue, mais ne parvenait plus à en vivre la splendeur. Au fond d'elle grandissait la peur du vide, gouffre de l'impuissance. Le train du père renversait tout sur son passage ; les éventaires ivres de soleil déversaient leurs marchandises sur les rails imaginaires qui ouvraient grand la gueule pour s'entre-dévorer de leurs dents d'acier. Le marché central, et tout son art décoratif, s'effondrait dans un vacarme de verre brisé. La terre tremblait, le chemin de fer se disloquait, ses mâchoires déchaussaient alors que le train du père poursuivait sa course folle au-delà des nuages, dans le sillage des grands oiseaux blancs.

Il était tout pour elle. Qu'était-elle pour son père ?

Sans aucun remords, elle pensait l'avoir volé à sa mère le jour de sa naissance lorsqu'il l'avait choisie, elle, entre toutes. Elle formait d'autres hypothèses : il n'avait fait aucun choix : il était tombé dans cet état de préférence. Ou bien il n'avait fait aucun choix : il avait glissé vers elle pour un sourire, pour un geste, une expression ou un regard qui avait révélé au père des penchants narcissiques nés au grand jour de la paternité. Combien de pères ont pour leur fille des attentions si tendres que les miroirs révèlent aux mères jalouses leur cœur de marâtre ! Autre supposition : chaque fois que l'épouse avait failli, manqué à son image, chaque fois qu'elle s'était écartée du rôle attendu d'elle, il s'était rapproché davantage de sa fille. Que son père avait-il espéré de sa mère qu'elle n'avait pu lui donner ?

Laquelle des deux veuves était-elle la plus sombre ? La mère gardait des griefs au fond de son cœur gros de solitude ; malgré l'absence, elle entretenait le ressentiment. La fille, elle, cultivait l'affliction pour ne pas tomber dans l'abîme qu'aucun homme ne viendrait remplir. Au temps du père, elle avait méprisé les hommes car ils n'étaient jamais à la hauteur, rabaissés par l'ombre de celui dont la stature projetée contre toute créature, l'écrasait de sa grandeur. Après le père, ils étaient encore plus facilement dédaignables car le chagrin immense qu'elle éprouvait lui rendait dérisoire la solitude du célibat. Quelle souffrance, quel manque pourrait égaler l'agonie de l'absence du père ? Les hommes étaient interchangeables, l'Homme était unique à ses yeux pleins de larmes brouillées d'éclats de verre, kaléidoscope brisé de souvenirs d'Avant.

*

The Unsinkable Molly Brown.... Le père lui avait parlé, autrefois, du naufrage du Titanic. Bien avant Winslet et Di Caprio, bien avant l'heure, il lui avait raconté l'histoire de l'insubmersible *Mrs B*... et Alice avait bu ses paroles avec l'eau de l'océan. Assise sur ses genoux, calée contre son amour, elle avait cru aux miracles, au Miracle à venir de l'invulnérabilité du père qui ne lui ferait jamais faux bond. L'insubmersible Mr A.... toujours ramerait à ses côtés sur une pirogue d'espoir à enjamber les tsunamis, à esquiver les météorites, à voyager sur la lune et au-delà des mondes. Elle se frottait en songe à sa peau immense de vieillard et sa douceur renaissait de ses sens comme le duvet gris de ses cheveux sur ses lèvres.

Il avait senti bon, si bon jusqu'à la dernière heure. Ce grand bébé nu, à la couche immense, avait été conscient de la gravité de l'instant pour un fragment de seconde avant de lâcher prise, avant de se laisser aller sous l'effet sédatif de la morphine qui allait le rendre incontinent. Son œil avait vu la couche qui précédait l'aiguille et sa main avait voulu l'écarter de la trajectoire qui menait à son corps. Lueur de lucidité à laquelle il manquait le contexte, tout le contexte de lutte, qui avait conduit à la victoire paradoxalement drapée de l'emblème de sa déchéance, du symbole contre lequel il s'était élevé d'un geste bref en redressant le buste et en tendant la main vers la couche avant de se rendre d'épuisement. L'aiguille de la délivrance n'allait pas sans les langes de la mort qui la devançaient. Morphine ouatée sur fond d'indignité.

Enfin, ils avaient cédé ! L'infirmière l'avait piqué. À bord de *L'Espérance* il voguait vers la coupole éclairée d'étoiles ; Alice l'y attendait vêtue de blanc, cheveux au vent, tenant ses enfants par la main. Marine, la grande, faisait route à part comme le font les adolescents mais serait au rendez-vous, à l'heure, avec les autres. Toujours son grand-père naviguerait à ses côtés sur un bateau d'éternité porteur de rêves à fleur de l'eau.

Le coma et non la mort avait pris place à bord du vaisseau du père, et il fallait continuer la lutte. La morphine lui était prescrite à intervalles irréguliers. Le produit à encadrer l'agonie, à guider la vie doucement vers ses deniers instants, lui était administré de manière chaotique, incontrôlée jusqu'à faire du corps du père une chaise électrique – torture à haute tension, soubresauts garrotés de barrières métalliques, voyage inutile vers la dernière injection, la bonne, des jours trop tard.

Alice se piquait au souvenir aigu de l'agonie d'Albert. Des jours après sa mort, des semaines, des mois et des années plus tard, elle tournait encore la clé des souvenirs, du métronome du temps dont les tympans saignaient de mercure.

DEUXIÈME PARTIE

LE TRAIN DU NORD

« Mes idées affaiblies flottaient dans un vague non sans charme ; mes anciens fantômes, ayant à peine la consistance d'ombres au trois quarts effacées, m'entouraient pour me dire adieu. (...) Quand je m'asseyais contre une borne du chemin, je croyais apercevoir des visages me souriant au seuil des distantes cabanes, dans la fumée bleue échappée du toit des chaumières, dans la cime des arbres, dans le transparent des nuées, dans les gerbes lumineuses du soleil traînant ses rayons sur les bruyères comme un râteau d'or. »

Chateaubriand, *Mémoires d'outre-tombe*

Il a fini par prendre son train avec lui-même, le vieil homme essoufflé sur le quai apeuré. Il est au rendez-vous. Et la foule pressée qui bouscule son cœur comme dans un cauchemar gauche de flou et de vertige, d'hésitation, s'empare de l'espace jusqu'à plus d'air. Pas à pas il s'approche de la voiture numéro un, la voiture de tête, si loin, si loin alors qu'il fait encore si chaud d'été finissant sur le grill. Dans son jardin, les cigales chantaient, mais elles chantaient là-bas dans un brouillard de songe. A-t-il rêvé sa vie couché sur un nuage ? Sa vie est devenue ce nuage, effiloché jusqu'à l'oubli. Des murmures dans une forêt profonde, des lueurs dans la brume intense lui reviennent d'un autre monde. La gare sent le train et le train la ferraille. Le vieil homme rouille de l'intérieur et le monde est immense à ses yeux qui se ferment. Il fait chaud jusqu'à l'écœurement dans la gare étouffée et les pas de l'homme effleurent le quai du poids de ses pensées usées.

Installé inconfortablement à bord du train du Nord, il s'engouffre dans l'absence. Il sait qu'il leur manquera de ses quatre-vingts ans demain, de son âge poli jusqu'au luisant sur sa peau transparente aux veines bleues d'encre. Il pleut sur un écran trop petit pour qu'il le regarde sans cligner des yeux ; les écouteurs le gênent et grésillent finement à ses oreilles fatiguées. L'hôtesse vient l'aider à trouver le bon canal. Sur l'écran soudain calme de pluie régulière, il distingue une femme longer une ruelle dans la nuit. Tous les cents pas, au cœur du silence, un réverbère éclaire la femme en noir de gouttes de pluie. La promeneuse arpente un trottoir gris huileux taché de cercles réguliers, d'auréoles chatoyantes d'éclairage public. Un porte-plume naphteux semble avoir crotté les bas nylon de la femme dont la démarche se raidit avec le temps qui passe au rythme de ses pas. Seules ses jambes retiennent l'œil de la caméra qui s'y accroche dans l'obscurité. La lumière glisse sur la chair nylon alors que le visage de la femme reste dans l'ombre comme son corps fondu à l'obscurité. Il pleut des talons aiguilles aux oreilles casquées d'Albert. Le grésillement a repris mais l'aïeul ne le distingue plus des acouphènes de pluie.

Par la fenêtre, il regarde maintenant la mer bleue devenir pâle, presque blanche sur l'écran saturé de réverbérations où se superposent les vagues, le film projeté et les rangées de sièges numérotés. Le pied léger de la femme glisse sur l'eau à la vitesse du train qui passe devant la plage, devant les plages qui se succèdent d'étoiles d'eau à même la mer jusqu'aux horizons confus, à même les baigneurs jusque sur le sable brûlé. Albert ne peut plus regarder, plus voir ni pleurer, ses yeux humides de sècheresse intérieure entament le deuil de la lumière sacrée. Ébloui de trop blanc devenu noir, le regard prisonnier des formes qui se chevauchent et se confondent à force d'irradier de leur halo d'argent, le vieil homme ferme les yeux sur le bleu de l'été.

Il sort de son sac de voyage une paire de lunettes loupes, dont il se sert encore pour lire. Va-t-il réussir à déchiffrer les caractères énormes révélés à ses yeux affaiblis ? Les lignes dansent un instant sous son œil terne et finissent par se stabiliser. Il en connaît les phrases par cœur ; les mots qui l'ont aidé à se préparer. Il a choisi sa fin et sa fin le caresse de ses textes lents d'initiation languissante.

La Robe d'Ilanne

Il est de ces passages écrits de la vie auxquels elle n'avait pas pensé. Il est de ces rôles dont elle ne se croyait pas capable. Et pourtant, un jour, elle endossa la robe blanche d'Ilanne pour éviter le deuil. Elle attendait d'elle le Miracle mais hésitait encore à la suivre dans le mystère. Si elle en acceptait le principe de vie, la robe pouvait lui rendre son enfant.

Des années plus tôt, elle avait trouvé sur une plage un vieux coffre et, au fond du coffre, une robe cousue à un parchemin. Elle avait passé la robe et lu la légende qui sauverait le fils.

« La robe s'impose à celle qui lui appartient ; sortie d'un parchemin échoué sur une plage au fond d'un coffre, Ilanne parvient jusqu'à celle qui en a besoin. La robe choisit toujours une rousse pour incarner le personnage d'Ilanne la savoureuse,

faiseuse de vie, tueuse de mort. »

Ensuite le temps avait couru ...

Sous la fine mousseline qui glissait sur sa peau blanche et fine vibrait son corps alerte de courbes fermes. Son amant la regardait hanter le miroir de sa grâce singulière. Amour de mère, douleur de femme et sa poitrine qui arrondissait l'étoffe ondulante à même son désir glacé... Se laisser emporter, se laisser aimer et atteindre le paradoxe d'un plaisir volé à la mort.

« Personne ne doute de ton amour pour ton fils.

— Il est cloué à un lit d'hôpital entre l'ici et le néant. »

Et elle avait plongé sa main entre ses cuisses à même le tissu blanc. Elle bâillonnait son sexe de ses doigts gauches et en bouchonnait la soie bruissante. La chambre se faisait l'écho de la bataille qui se livrait en elle. L'air frémissait au contact de sa peau ondoyante. Fébrilité. Vapeurs de souffre. Elle hésitait à suivre la légende, à en accepter la conception : nourrir la mort de plaisir pour l'affaiblir, l'écraser d'orgasmes et la broyer sous l'extase de la vie, sous son principe premier, briser le tabou.

« Ne les laisse pas te faire sentir coupable.

— Ne me laisse pas me rendre coupable. »

« Personne ne doute de ton amour pour ton fils... Personne, personne, amour, fils, fils, doute... personne, personne... amour, doute, personne... fils, fils... ». La voix de son amant grinçait en elle comme une cornemuse éraillée dont elle refusait l'appel. Il ignorait le pouvoir de la robe qui pouvait sauver l'enfant.

Il ne parlait que de son désir, à lui, de sa recherche égoïste du plaisir alors qu'il s'agissait de son enfant, à elle, sur son lit de mort entre respiration artificielle et silhouettes masquées dans l'ombre, entre lumières témoins, clignotantes ou intermittentes et lignes brisées de graphiques pessimistes à l'encre rouge, à l'index de la vie.

Les sons vrillaient de désarroi aux oreilles de la femme en feu. La chambre s'était embrasée et sa main égarée sur son sexe fouillait dans les tissus pour en arracher le dard. Elle n'osait franchir l'espoir, endosser le plaisir et nourrir son désir au nom de la vie. Elle n'osait croire au possible de la robe, à la guérison du fils dont la souffrance la séparait de son amant. Elle refusait la légende dont le pouvoir allait se faire transgression de l'interdit.

C'était la robe blanche. C'était elle qui appuyait et qui pressait contre sa volonté à elle. L'homme l'implorait en vain de supplications grotesques qui brisaient son élan vers la légende en marche vers le fils. La décision appartenait à la femme ; l'amant était accessoire. En la poussant vers la transgression, l'homme l'empêchait paradoxalement de franchir le pas, de se laisser guider par la vie. De face, de dos, de côté, il l'encerclait de désir pour la soumettre. Elle résistait à la contrainte et trouvait son propre chemin jusqu'au plaisir.

La robe s'impose à elle :

« *La robe s'impose à celle qui lui appartient, à celle qui lui appartient, lui appartient (...) Ilanne parvient jusqu'à celle qui en a besoin (...) faiseuse de vie, faiseuse de vie, tueuse de mort* ». L'amant gâche de propos indécents ce que la robe insuffle doucement en longs

75

frémissements, picotements subtils qui se déroulent jusqu'aux racines de la femme. Les paroles de l'homme se perdent dans les crépitements de l'âme qui le rendent accessoire, peut-être même victime.

*La légende s'infiltre en elle et lui donne la force de défier le tabou. « **Faiseuse de vie, tueuse de mort** ». Un instant plus tard, elle enroule son corps au tronc de son amant et tournoie dans l'espace gazeux. Elle jouit à contre-conscience et répète que la robe en porte la responsabilité. Elle sent le plaisir palpiter à l'origine de son sang. La culpabilité qu'elle ressent nourrit le coït de subtilité. Quelque chose se passe ailleurs, la légende est vraie, son fils revivra, son corps lui parle et lui annonce le triomphe de l'espoir. Le scrupule se dissipe ; la robe s'est fondue à la peau de la femme devenue Ilanne qui, au nom de l'enfant, a endossé la légende.*

Les deux corps reposaient maintenant sur le satin blanc des draps vacillants de bougeoirs fuselés. L'éclairage tamisé de fumée discrète créait une ambiance insolite aux nuances baroques. La femme nue s'étirait de toute sa certitude sur sa couche somptueuse et la robe froissée s'étalait sur la descente de lit, linceul sur ses doutes moribonds. Quant à l'homme, épars de ses membres désarticulés, il cherchait à se reconstituer.

Le fils débranche calmement les machines qui le relient à la vie. Les voyants s'éteignent d'une main sûre et personne ne fait attention à lui. Les soignants vaquent à leur besogne. Sa peau de fils se cicatrise et ses plaies refermées sur son passé lui offre un nouvel avenir. Il se sent redevenir fort de vie et de désirs, de projets, d'avenir. Il sait que sa mère l'a sauvé et, dans un songe enchanté, il lui promet de ne jamais chercher à comprendre. Elle lui offre un parchemin huileux de ses larmes de mère et lui dit :

    « Il faut toujours que destin s'accomplisse. »

Le vieil homme ne maîtrise plus le texte qui lui échappe en lignes qui se croisent sous ses yeux fanés et se mêlent dans son cerveau fuyant. Il sent encore l'étoffe sinueuse sur la peau de sa première lecture, mais le souffle du texte s'égare de sa mémoire et meurt sur les pages qui se brouillent et s'enfoncent entre ses doigts noueux. La robe d'Ilanne s'en échappe pour recouvrir le corps de la femme qu'il a aimée. Blanche. Sa chevelure noire se mélange aux cheveux roux de la robe du conte perdu à sa mémoire trouée.

Le temps a gommé la fin du texte qu'il tente de retrouver. Il lui semble passer un examen, le jury le presse de conclure, de retrouver les mots égarés. Il saute des pages et des pages, des chapitres et des parties pour se souvenir du début jusqu'à toucher l'espoir. Les phrases lui manquent mais l'idée se répand en lui, présence inexacte en respirations saccadées. Il se souvient du parchemin, de celui que la mère a trouvé. Il confond la voix de sa mère avec celle de la robe. Il se prend pour le fils sur son lit d'hôpital. Il entend la légende racontée par sa mère quand il était petit. Il entend maintenant sa propre voix s'adresser au jury. Il est pressé d'avoir terminé.

« Eros et Thanatos. Problématiser !!!! » lui crache une bouche béante au rouge mal mis et aux lèvres débordantes de mépris.

Il se contente de résumer, de passer outre, de s'échapper en mots succincts : « La robe d'Ilanne a arraché le fils à la mort. La mère a tourné dans l'espace de la salle de soins intensifs. Sur-chaussures et blouse de chirurgien. Le fils est sorti de la pièce, guidé par la danse de la robe, celle du conte que sa mère lui lisait tout petit. (Ma mère me le lisait aussi, pense Albert. *La robe blanche d'Ilanne*, le parchemin trouvé.) Ilanne représentait la féminité, la sensualité, la légèreté, la vie. Dans le conte, la femme qui la portait guérissait les blessés, ceux des guerres sauvages d'un âge sanglant. Ilanne était morte et sa robe serrée sous son armure s'était envolée vers le ciel. La légende disait qu'elle se rendait la nuit auprès d'une jeune fille rousse qui la revêtait pour soigner les blessés comme le roi touchait les écrouelles. » Comment s'y prenait-elle ? Albert s'est toujours posé la question...

La bouche mal peinte le regarde quitter la salle. Il disparaît silencieusement pour ne pas conclure. Il s'enfuit avant d'entendre le verdict.

« Qu'on lui coupe la tête ! »

...question à laquelle répond la guérison du fils. Eros et Thanatos.

*

Il a rejoint sa place ; les réverbères se sont éteints avec la pluie qui a cessé. Sur l'écran poussiéreux de soleil dansent les ombres des voyageurs. La mer toujours s'y reflète au rythme des ses vaguelettes qui brodent les mots en écume de rêve. Le train creuse son sillon dans le paysage brûlé de lumière crue. Albert entend la voix de sa mère lui dire le texte de l'enfance que ses rêves déforment. Les sons si clairs pour celle qui les articulait sont approximatifs aux oreilles incomplètes du vieux lui, de celui qui a chuté, de la forme évanescente. Il ne parvient plus à reconstituer les phrases dont les bribes se perdent en échos lointains.

Marine vole à son secours. Elle a revêtu la robe blanche et déroule le parchemin sur ses genoux. On a ouvert une fenêtre sur la mer et tout s'éclaire avec le vent qui s'engouffre dans le wagon. Les cheveux de Marine, soudain noirs comme ceux de Blanche, se gonflent d'un roux chatoyant. La voix jeune de la petite redonne fibre à la trame du temps et Albert est de nouveau enfant. Il écoute la légende de la voix de celle qu'il entend. Marine dépose une rose sur sa joue en y posant les lèvres et son rêve le calme.

La guerrière Ilanne sur son cheval de feu parcourt la campagne brûlée de combats et d'atrocités. Sur son destrier, elle traverse le cœur de la guerre pour prévenir le souverain de la trahison de son frère. Gundraad vient de lever une armée aux frontières du royaume et se prépare à attaquer le roi Melgraarh. Il marche droit sur lui et compte lui livrer bataille par surprise. Melgraarh ignore la trahison de Brukwaalt qui a mis les territoires à feu et à sang pour ouvrir la voie à Gundraad Frère-de-Roi.

Au moment où elle va délivrer le message, Ilanne reçoit dans la nuque, une flèche assassine. Le roi saute de sa monture et, d'un geste décisif, relève la visière qui lui cache le visage du messager. Une mèche rousse coule de son front blanc sur son œil. Il reconnaît Ilanne dont le Mage lui a souvent parlé.

« *Tu la connaîtras à sa chevelure rouge dont le sang te tachera les doigts. Ce jour-là tu sauras que l'armée de ton frère marche sur toi.* »

Sans le savoir Ilanne a délivré le message. Par son acte de bravoure, elle a sauvé le royaume. Sa chevauchée au cœur de l'apocalypse a permis au roi de savoir. Le Mage ne se trompait pas. Melgraarh pouvait désormais observer le présage des augures se dérouler sous ses yeux. Il venait de sacrifier Ilanne par incrédulité. Il n'avait pas prêté foi à la prédiction. Il avait refusé de croire en la trahison de son frère. S'il avait pris en compte les paroles du Mage, la jeune fille ne serait pas morte.

« *Aujourd'hui, tu ne me crois pas, mais un jour tu sauras.* »

Le roi sait maintenant que la robe d'Ilanne soignera ses blessés et gonflera son armée de renforts inépuisables. Le Mage s'adresse à Melgraarh qui l'entend où qu'il soit :

**« *Coupable tu te sens de ne pas m'avoir cru.* **

Tu aurais voulu épargner Ilanne et la prendre pour femme. Ému par son courage et séduit par sa beauté tu as pensé un instant l'épouser ; ton regard au sien s'est mêlé. Sache que son destin était scellé, ainsi l'histoire devait se dérouler. Tu refusais d'accepter la félonie de ton frère, tu avais besoin de preuves, l'Oracle n'avait aucune prise sur toi et c'est cette méfiance qui te sauve aujourd'hui. Sans le sacrifice d'Ilanne, tu aurais assisté impuissant au massacre de tes troupes par celles de ton frère, tu aurais vu tes hommes périr par milliers faute de n'avoir pu lever d'assez puissants bataillons pour vaincre Gundraad. Quel guerrier n'a rêvé d'une armée sans cesse renouvelée, d'une armée invincible par le nombre ? Sans la robe pas de victoire et sans le sacrifice d'Ilanne pas de robe. Logique implacable de l'Oracle qui confond par sa cruauté. »

*

Seul, Albert ne sait plus se souvenir de tout. Il confond sa vie avec ces vies racontées par d'autres, qu'il a lues lui-même ou qu'on lui a racontées au cinéma, à la télévision, dans des reportages ou dans des fictions. Il ne connaît plus la limite de son expérience, de son être, de son corps qui devient celui de Marine vêtue d'une robe de cheveux à même la peau. La chevelure de l'enfant s'emmêle et bâillonne la voix de l'ange qui s'enroue et disparaît dans la mer scintillante de l'écran. La robe s'envole pour épouser un corps de rousse qui, de son amour brûlant, met la mort en déroute. Les soldats, un à un, reprennent vie contre son sein voluptueux.

Albert ne sait plus se souvenir du tout ; sa vie se perd dans un puits d'échos enchevêtrés. Seuls ses proches s'en souviennent, chacun à sa manière. Angel a retenu de son grand-père ses histoires de guerre, des bribes, des fragments dans le désordre de sa tête d'enfant qu'il a transformés de son imagination flambante pour faire d'Albert un héros. Le film de l'aïeul défile sur les murs blancs de la chambre d'Angel dont la lanterne magique comble l'Absence de personnages bienveillants qui toujours prennent les traits du grand-père aimé.

« Papy aurait pu avoir La légion d'honneur, une coccinelle à la boutonnière pour dire qu'il a gagné la guerre ! »

Et le gamin de raconter qu'Albert traversait la ligne de démarcation une laitière à la main, à travers les bois, au petit matin. Angel respirait avec son grand-père l'écorce mouillée des arbres centenaires qui avaient connu d'autres guerres. Ils soulevaient maintenant les barbelés pour couper à travers champs et communiquer un message à la Résistance. Angel foulait au pied, de ses galoches usées, la rosée matinale d'un autre printemps. Albert arrivait à la poste à l'ouverture de celle-ci et transmettait un message codé à une employée qui le connaissait. Angel tendait l'oreille à l'aventure et tentait d'être à la hauteur de son grand-père, le héros de la guerre. Albert s'arrêtait ensuite à la ferme du hameau de Cottard pour remplir sa laitière et faire le chemin à l'envers, à travers champs, à travers bois. La rosée séchait sur les galoches usées et les arbres centenaires se taisaient. Jamais on ne l'avait repéré. Jamais, on ne l'avait arrêté. Angel poussait un soupir de soulagement et vidait ses poumons de l'angoisse d'un autre temps. Il avait eu la chance de ses onze ans en culottes courtes et semelles de bois. Il venait de prendre le relais, d'assumer la charge de son grand-père, de délivrer le message à la postière.

Pour y vivre l'intensité du souvenir d'un autre transmis à son cerveau éponge, l'enfant s'était glissé dans la cavité sans fond d'un espace inouï enfoui dans la mémoire. Angel était Albert à onze ans. Il se couchait dans les hautes herbes du souvenir et, de sa cachette, observait le clocher de l'église blotti derrière les tiges vertes qui le protégeaient du soleil. Été 1941. Il entendait son grand-père lui raconter comment, enfant, il n'avait jamais peur en faisant ce qu'on attendait de lui parce qu'il n'y avait pas d'autre solution. Angel se regardait quitter son lit avant l'aube pour partir en mission, toute laitière dehors de métal cabossé, toute anse de bois roulant contre ses phalanges repliées sur un secret. Un morceau de lui-même était mort avec son grand-père. Un morceau de lui-même avait suivi Albert dans l'infinie profondeur de sa tombe jusqu'au centre de la terre, mais un morceau d'Albert accompagnait Angel dans la vie et grandissait en lui. L'enfant devenait immense de force et de grandeur à lui en faire oublier le fragment de lui qui était parti.

Flou et ralenti : le soleil se couche sur le clocher et les hautes herbes semblent s'embraser. Le regard d'Angel se trouble, les souvenirs s'effacent, cèdent au sommeil et la terre est immense ; les lions dansent et les tambours s'appellent au loin, ils se répondent dans la fumée qui s'épaissit ; la savane a pris feu. Les souvenirs reviennent, remontent à la surface du rêve dont la couche s'affine. La savane flambe sous les bombardements. Les hautes herbes sentent le roussi. Il fait plus frais. Il fait nuit ; Angel a dormi.

Les souvenirs d'Albert en alerte dans le crâne de l'enfant entraînent la farandole à rebrousse-temps : tous devaient gagner la zone libre, toute la famille, tous sauf le père d'Albert, Joseph, qui servait de relais, maillon indispensable d'une chaîne héroïque jusqu'à Londres. En tête de la ribambelle, toujours la laitière à la main, Denise, mère d'Albert suivie des siens, semblable à une mère cane dans un dessin animé, poussins alignés dans son sillage, ou à une oie en tête d'un cortège de chats, traversait la ligne de démarcation au rythme de « une, deux, une deux, une, deux, à la queue leu leu » en sifflant joyeusement comme si de rien était, comme si ça se faisait. La mère, enceinte jusqu'au menton, et ses trois enfants, Marine, Ruben, Angel d'un autre temps qui s'appelaient Albert, Jacques et Hubert, souriaient à la barbe des soldats allemands qui, sous l'emprise d'un sort indéterminé, laissaient passer la joyeuse colonie comme si la France n'était pas occupée.

*

La veille, ils s'étaient jetés dans les orties et laissés rouler jusqu'au fossé pour se protéger des avions qui volaient au ras des peupliers puis qui, comme en un bond au sortir des nuages, survolaient le clocher dessiné en noir sur le ciel rouge de tonnerre. L'église, pas plus grosse qu'un mulot derrière les tiges hirsutes du bas-côté, tremblait contre l'horizon scarifié des ailes de la Luftwaffe alors que les grands arbres balayaient la nuit tombante d'un vrombissement cataclysmique.

Le jour suivant, les piqûres d'orties marquaient encore la peau de Denise qui, une fois en zone libre, ventre et jambes en avant, guidait vaillamment la fratrie, à travers bois, à travers champs, vers une ferme dont on lui avait indiqué le nom et la direction. « Ronceval sur la route de Marbœuf au sortir de la forêt des deux étangs ». On lui prêtait une grange à partager avec les poules qu'elle devrait prendre garde – attention les enfants ! – à ne laisser s'échapper sous aucun prétexte.

C'était la fin du printemps, le début de l'été, et les propriétaires leur offraient, à leur manière, le gîte et le couvert, la paille, l'œuf et le lait qui coulait de l'étable attenante. Pastorale luxueuse, faste édénique après les ronces et les pierres du chemin vers la France libre dont la famille ne sut pas profiter. Quand les poules s'échappèrent – la mère leur avait bien dit de faire attention ! – l'incident les remit sur la route. Denise choisit de marcher sous les étoiles plutôt que de devoir affronter la colère du fermier. Elle avait pourtant prévenu les enfants qui n'avaient pas pris ses menaces au sérieux la croyant par trop enceinte pour pouvoir courir la nuit sans relâche. C'était méconnaître sa résistance et son opiniâtreté.

De sa sagesse innée, celle de son grand-père et non celle du jeune Albert, Angel comprenait Denise comme il comprenait sa propre mère lorsque son juste courroux s'abattait sur sa fratrie. Les poules n'auraient pas dû s'échapper, ce n'était pas écrit ainsi. Pour pouvoir goûter l'Âge d'or, il aurait fallu gagner la confiance du fermier, ne pas abuser de sa bonté, ne pas le décevoir, être à la hauteur du don et de la chance. Ils avaient failli, ils avaient désobéi sans réfléchir aux conséquences. Il leur faudrait maintenant assumer une sanction méritée car les volailles refusaient de se rendre. Elles agitaient leurs ailes dans des battements fébriles et poussaient leur cri de guerre aux oreilles des fils amusés malgré la mère qui fulminait.

« Vous avez laissé les poules s'échapper pour leur courir après. On ne peut pas les attraper. Regardez-moi ça ! »

Denise, sur le qui-vive, s'apprêtait à reprendre la route, menton en avant, tambour battant, soutenue par Angel *a posteriori* contre la fratrie d'alors qui passait un bon moment, quart d'heure jubilatoire dont le spectacle valait la peine en dépit du châtiment qui les attendait.

En effet, les poules affolées, aux plumes

battantes, tentaient de s'envoler coûte que coûte ; elles prenaient de l'élan ; elles fouettaient la poussière d'où s'élevaient des fétus de paille tournoyante. Les unes caquetaient d'égarement, d'autres déjà plus calmes, semblaient commenter la débâcle. Elles venaient de perdre la bataille de la liberté. L'ennemi invisible les avait contenues, réduites à ce qu'elles étaient : des oiseaux morts de leurs ailes. Les garçons, eux, voyaient s'envoler les tartines de pain moelleux au rythme de la danse de la basse-cour et de la colère du fermier. Ils devraient se passer de petit-déjeuner pour une erreur d'interprétation de Denise qui les accusait de l'avoir fait exprès – procès d'intention – alors qu'il ne s'agissait que d'une simple négligence, au pire de désinvolture.

Gerbes de lait chaud fouetté d'ailes de coquelet, flaque de boue crémeuse saupoudrée de grain concassé, bouillasse, mélasse, résidus d'un rêve d'abondance éclaboussé du sang de la bataille et de celui de la terre qui prenaient maintenant le dessus sur la rêverie gourmande des frères grâce à l'imagination d'Angel. Albert, Jacques et Hubert allaient et venaient dans tous les sens, au ralenti, pour tenter de contenir les poules mais la valse de leurs membres élastiques excitait encore davantage les indomptables volatiles.

« Nous allons partir et les poules vont se calmer. Par bonheur, le fermier ne s'est pas réveillé. Demain matin, il les trouvera à la porte de la grange. Nous serons déjà loin. Nous dormirons en chemin et nous mangerons... quand nous pourrons. »

Ils dormirent au creux d'un fossé d'herbe profonde, tranchée tapissée d'obscurité, d'où rien ne se laissait observer. Aucun arbre ne perçait le ciel de leur lit, aucune ombre, aucun bruit. La nuit impénétrable se taisait et son vert oreiller berçait leur sommeil pourtant fragile de gargouillis affamés. Ils restèrent sans manger jusqu'à l'étape suivante de leurs pérégrinations où les frères décidèrent d'être à la hauteur de ce qu'on attendait d'eux. « Oui Monsieur. Merci Madame » sans oublier de se moucher le nez et de s'appliquer dans toutes les tâches qu'on leur assignait. Il leur fallait gagner leur pain à la sueur de leur jeunesse et se racheter une conduite auprès de Denise, bienveillante mais rancunière, qui tentait bravement de les élever en cette période confuse de l'Histoire.

Angel observait son héros de grand-père sous tous les angles mais ne le trouvait plus aussi parfait depuis l'épisode de la grange. Lui, l'infaillible à la laitière codée, s'était laissé aller à jouer. Angel avait du mal à accepter l'humanité d'Albert qui, même à l'âge de onze ans, lui avait semblé si différent des autres enfants, différent au point de lui ressembler à lui qu'on trouvait si raisonnable et qui jouait si bien du piano. Tant de si pour parler de ses qualités que beaucoup s'accordaient à lui reconnaître.

Sa mère lui reprochait parfois pourtant de subir l'influence, non pas de Ruben et de Marine – Albert, lui, subissait selon Denise l'influence de ses frères – mais de ses camarades de classe lorsqu'il leur donnait rendez-vous en dehors de l'école pour éructer en chœur ou dire des gros mots en paquets comme on déguste des friandises. Les professeurs savaient canaliser leur attention, mais une fois à l'abri dans le cercle familial, Angel se laissait aller à mille vulgarités qui ne collaient pas à son personnage. Or, l'enfant s'accommodait difficilement de la conduite du grand-père dans la grange car Albert lui tendait, à ce moment-là, un miroir qui lui faisait honte et dans lequel il ne voulait pas se regarder. En se glissant dans la peau du grand-père, il voulait devenir le héros des barbelés et non un gamin quelconque par temps de guerre.

Nonobstant – locution qu'affectionnait son grand-père – Albert, le preux, triomphait de l'ordinaire dans tous les autres épisodes racontés par Angel. Dans *Narnia,* les enfants étaient évacués vers la campagne anglaise au temps du Blitz et du feu sur la Tamise. Albert qui vivait à Tours en Indre-et-Loire n'avait pas eu cette opportunité. Lors des bombardements, il avait vécu la descente aux abris masque à gaz en muselière. Il avait senti les murs trembler sans peur, sans suée car sa mère le protégeait. À ses côtés, il savait que rien ne lui arriverait. Le caractère de Denise, son fatalisme qui passait pour de l'optimisme, formait un rempart indestructible derrière lequel se réfugiaient ses fils comme des fidèles. Une large main mate et prématurément ridée caressait les cheveux d'Albert dans la mémoire collective de la famille dont Angel se faisait le porte-parole, le griot, le troubadour. La cave vibrait de mort annoncée comme dans un tremblement de terre ; aux étages des vitres se brisaient, mais au sous-sol, tous gardaient l'espoir, sans prier, sans rien faire, juste en restant soudés et accrochés à leur mère dont la puissance défiait le ciel rouge de fumée.

Il y avait eu les bombardements, mais aussi les tickets de rationnement, puis l'exode. Mémoire à trous ponctuée de souvenirs d'école : les poux, les crânes rasés, l'inspection des ongles, les règles en fer sur les doigts et le gris qui s'étale de pluie sur les uniformes rêches remontaient à la surface. Albert observait, des yeux d'Angel, ses ongles bleus se fissurer d'encre alors que le maître lui demandait de lui tendre les doigts. Fernandel à l'école communale, *Les Choristes,* Morange, *La Guerre des boutons,* Bourvil et j'en passe s'agitaient sans répit dans le cerveau d'Angel qui avait du mal à trouver le sommeil. La voix d'Albert se mélangeait à celle des innombrables films qu'Angel avait vus sur la guerre ou sur les enfants d'autrefois. Tous remontaient à son grand-père dont la mémoire avait été visitée par les plus grands. Bourvil lui avait emprunté *La Grande vadrouille*, Fernandel *La Vache et le prisonnier* et puis, plus tard, Benigni *La Vie est belle* dont la poésie vibrait contre la joue d'Angel à même l'oreiller alors qu'il ne dormait toujours pas. Il avait soudain des doutes sur les sources de Benigni, peut-être Albert n'y était-il pour rien ou pour pas grand chose ?

Ensuite, il avait voulu voir *Tigre dans la neige* dont il avait reçu l'émotion en éclaboussures de rire. Benigni, c'était son grand-père et Johnny Depp aussi quand il jouait aux indiens, aux pirates ou au montreur d'ours pour y croire jusqu'au bout. Pas lui, mais JH Barrie, l'homme qui était Peter Pan, compagnon de jeux et de tendresse, grand poète qui avait emprunté à Albert son caractère. Difficile, à onze ans, de ne pas confondre l'acteur avec le personnage, l'auteur avec le narrateur, la réalité avec la fiction ou la mémoire avec l'imagination, ces deux dernières étant encore plus difficilement séparables, encore moins aisément distinguables, moins étanches, plus perméables à leurs frontières tremblantes de flou artistique.

Angel qui connaissait tant de choses, qui avait lu tant de livres, pourrait inventer en séries les aventures de son Papy, au temps de la guerre, au temps de l'Histoire, à son tournant, au moment où on était entré pour de bon dans le vingtième siècle avec cinquante ans de retard. On avait pillé la mémoire de l'aïeul pour remplir des kilomètres de bobines de souvenirs collectifs. Ce serait à Angel, quand il serait grand, de prendre la relève, de faire le chemin à l'envers pour élever son Papy au rang de héros, en l'entraînant dans des aventures dont les souvenirs formeraient les nœuds qui lui rendraient son statut de réservoir de mémoire. Il suffirait à Angel auteur d'aménager des couloirs, des tapis roulants ou même des toboggans, entre les anecdotes, pour recréer une vie et non plus des fragments.

Entretien avec Vladimir Nevirovski.

« *Vous n'avez que vingt-cinq ans, mais vous avez déjà une longue carrière derrière vous. Parlez-nous de votre premier rôle, celui d'Albert, dans le film d'Angel B,* A la mémoire de B *dans lequel le jeune Albert risque sa vie pour passer des messages à la Résistance. A-t-il été difficile pour vous, à l'époque, d'incarner le personnage d'Albert ?*

— Non. *Il ne faut pas oublier que le film d'Angel B est un hommage à son grand-père. Quand son grand-père meurt, il n'a que onze ans, l'âge d'Albert dans le film, et la vie d'Angel bascule dans l'ordinaire. Il lui faut chaque jour lutter pour redonner une âme à sa maison, pour la faire vivre ; le feu de cheminée ne le réchauffe plus, le pelage du chat est moins doux et le chant des oiseaux dans le jardin n'égaie plus les journées d'été qui lui semblent plus longues et plus chaudes. Les saisons passent, les jours se chassent l'un après l'autre, mais la même impression perdure. Angel a hâte de se coucher pour rêver. Il pense alors à son grand père enfant et à ses histoires de guerre. Il lui semble être son grand-père et cette impression redonne sa brillance au pelage du chat, de la vivacité au feu de cheminée et de l'intérêt aux longues soirées d'été. Angel veille tard dans la nuit jusqu'à ne plus tenir debout ; il veille au creux de sa chambre que son grand-père ne quitte plus. Les années passent et le film d'Angel se construit. Il sent en lui le grand-père en devenir, celui à qui il donne vie dans* A la mémoire de B. *La gestation est longue, mais quand le film voit le jour, le grand-père revit et c'est moi qui l'incarne.*

— *Des souvenirs de tournage particulièrement émouvants que vous évoquez dès que vous en avez l'occasion.*

— En effet, Angel B. reste à ce jour véritablement fasciné par son grand-père et sa peur de le décevoir reste intacte. J'ai compris l'enjeu du rôle qu'il me confiait sans qu'il me l'explique vraiment. À onze ans, je n'avais encore jamais perdu un être cher. J'essayais d'imaginer la mort de ma grand-mère ou celle de mon oncle qui étaient pour moi les Figures de l'enfance. Quatorze ans plus tard, je sens encore en moi toute la puissance du rôle qui m'a aidé dans mon travail d'acteur, mais qui surtout m'a marqué en tant qu'homme. Angel B m'a transmis la fascination que son grand-père exerçait sur lui.

— En regardant le film, nous voyons ainsi trois générations d'Albert incarnées par vous-même.

— Oui. Angel a créé le personnage d'Albert quand il était petit. Il le construisait au chaud dans son lit. Quand il a enfin eu les moyens de réaliser le film, il n'avait plus l'âge de jouer lui-même Albert enfant. Alors, il a cherché, cherché son grand-père dans les squares, dans les jardins, sur les terrains de football et dans les piscines jusqu'à me rencontrer. Il a fait ce travail lui-même ; il ne pouvait le confier à personne car lui seul connaissait Albert tel qu'il l'avait imaginé sous la couette en compagnie du chien.

— Angel B semble exercer sur vous la même fascination que son grand-père exerçait sur lui.

— Je pense qu'Angel B a tout conçu à l'âge de onze ans,

93

dans les mois qui ont suivi la mort de son grand-père. Il a imaginé le film, l'acteur principal et même cette interview avant qu'elle ne prenne corps. Il savait que son film existerait, qu'il aurait du succès et qu'il me chercherait pour incarner Albert. Il m'a trouvé, j'avais onze ans, l'âge qu'il avait à la mort de son grand-père qui est également l'âge que son grand-père avait lorsqu'il passait des messages à la Résistance. Angel B. m'a souvent expliqué qu'il savait si peu de choses sur Albert qu'il avait dû forger des liens, bâtir des ponts pour relier les différents épisodes qu'il tenait de première main. Les événements que j'appelle de seconde main sont ceux qu'Angel B. tenait de son imagination, ceux inventés par Angel B pour que son film coule en ruban comme une sauce bien liée et non par à-coups posés en équilibre sur le vide du temps.

— Savez-vous précisément quels ont été les passages inventés de toutes pièces et ceux qui ont été reconstruits d'après des souvenirs racontés par son grand-père à Angel ?

— Les mêmes anecdotes revenaient sans cesse au sujet d'Albert, c'était une façon de le faire revivre et pour ceux qui participaient au film de se l'approprier ; Angel racontait souvent le passage de la ligne de démarcation par Denise à la barbe des officiers allemands. Il décrivait son déhanchement et son ventre tendu peu avant la naissance de sa sœur, je veux dire de la sœur d'Albert. Je ne sais plus de combien de mois Denise était enceinte. Malgré la redondance du discours d'Angel, il reste des blancs dans mes souvenirs. Je ne prêtais pas attention à l'exactitude des détails ; j'avais onze ans. La magie, la poésie des images et du jeu l'emportait sur la véracité pour créer un tout porteur d'émotions. »

*

« Qui repeindra le ciel de mon enfance, qui se souviendra de moi ? Qui sentira courir sur mon corps les fourmis de l'engourdissement, monter en moi la nausée de l'absence de vous. Qui vous aimera comme je vous ai aimés, comme j'aurais voulu toujours vous aimer. Qu'on oublie ma vie avec ses joies et ses petits chagrins, qu'on enterre les événements, les combats, les faits et les comptes ; qu'on se souvienne de mon amour de vous. Qu'on laisse faner les couleurs du tableau, s'effacer les traits de mon visage, qu'on ne garde de moi qu'une chaleur, un espoir. »

Angel a prêté ce texte à Albert dans son film, quelque part sous un ciel repeint à grands coups de brosse. Ses souvenirs de lui sont restés dans les limbes jusqu'au film qui les a fait remonter à la surface, dans une inexactitude parfaite de respect et d'amour, selon les dernières volontés d'Albert restées floues dans la tête d'Angel mais d'autant plus belles et colorées.

Blanche, l'épouse centenaire, est formelle, le texte est authentique. Elle l'a trouvé dans les papiers d'Albert triés tout de suite après son décès. La mémoire d'Angel, qui ne disposait pas de l'original, l'a à peine modifié. Blanche ne comprend pas pourquoi son petit-fils dit l'avoir inventé.

Clarification : plutôt que de ne pas pouvoir

fournir l'original, Angel a préféré créer un texte qui, par magie, s'est trouvé ressembler à celui rédigé par son grand-père peu avant sa mort ; l'imagination d'Angel a servi la mémoire de l'aïeul. Cette raison ne semble pas suffisante. En effet, pourquoi Angel ne s'est-il pas donné la peine de se procurer l'original que Blanche conserve comme une relique sacrée ? Justification : Angel affirme n'avoir eu aucun souvenir conscient des dernières pensées d'Albert. Il a donc composé un écrit quasiment à l'identique sans avoir recours au texte premier dont il ignorait l'existence.

Il se peut que cette explication ne convienne toujours pas à Blanche chancelante de ses cent ans même si elle est la plus vraisemblable. Que sait d'ailleurs la grand-mère du fonctionnement de la mémoire d'Angel, quand chacun ne retient de l'autre que ce qui lui convient, ce qui lui va bien, ce qu'il en désire, ce qu'il en souhaite ou ce qu'il en peut, en a la force ou le choix ?

L'après-guerre et la boîte à outils. Les tickets de rationnement. La boîte de sucres et autres menus larcins. La valise du frère. Le trou de quatre mètres. La porte de la cave. Le coin des maraîchers. Bicyclettes et cagettes. Poux et ongles à gratter. D'où viennent ces bribes et ces fragments, ces titres, ces vignettes, ces parenthèses de temps ? Qui saura les souder en pages numérotées, sans en omettre ou en inventer ? Certaines appartiennent au film d'Angel, d'autres aux chansons de Ruben, d'autres encore aux rêves d'Alice ou de Marine qui les gardent pour elles d'amour bercées sans pouvoir les relier à un tout linéaire. Tentatives de guets et de passerelles, d'échelles et de cordes nouées, tentatives imparfaites de cimenter et de gainer la nébuleuse poétique pour construire un tout compact d'amour abrupt de granit inaltérable, soudé aux dernières volontés d'Albert inconsciemment présentes à la mémoire de chacun avant même le film d'Angel et la révélation de l'écrit exclu, reclus au fond du tiroir du temps.

Alice, la fille, a retenu, du passé de son père, le début d'une saga à écrire qu'elle ne peut lui offrir, qu'elle ne saurait traduire, trahir le plus fidèlement en artiste biographe. Il lui faudrait savoir mentir, obstruer les fissures, combler les brèches, remblayer les fossés, enduire puis lisser la surface du récit pour souder les épisodes et enchaîner les événements les uns aux autres. Alice empile les éléments, juxtapose les extraits mais ne parvient pas envisager la vie de son père comme un tout ; elle la perçoit en tranches, en rondelles grossies à la loupe comme des bornes en relief sur une frise délavée, jaunie par les intempéries. Alice n'écrira donc pas une biographie, elle fera autre chose de son imagination.

De l'existence de son grand-père, Marine a retenu la jeunesse parisienne, la rencontre avec Blanche, les années cinquante, les années Tabou. La boîte de jazz est enfumée de musique bouchée comme leurs oreilles au sortir de la danse. Sur le trottoir baigné de lune, Albert respire la nuit profonde qui prend le nom de Blanche. Elle porte beau ce nom de neige qu'elle perce de l'acier de ses yeux de husky. Le noir de ses cheveux soyeux fait fondre la glace lorsque leur charbon s'embrase au feu de son sourire rouge de baisers à venir. Leurs sens reprennent forme avec le matin soyeux et les brumes de leur nuit passée en adoucissent le souvenir de langueur enivrée. Comme il leur fera bon revivre ces premiers ébats, émois d'une vie à deux. Comme il leur fera bon les réécrire d'heureuses souvenances.

Le mariage a lieu un vingt septembre dans le XIVe arrondissement de Paris. L'église d'Alésia est à moitié pleine, à moitié vide et les enfants s'ennuient aux pieds des adultes qui les retiennent par la main pour les empêcher de courir dans les allées encore résonnantes de cérémonies passées. Des princesses en herbe rêvent de contes de fées dans leur robe de Joséphine et leurs cheveux tressés, crantés, bouclés, flous de rêves se figent sur des photographies où elles encadrent la mariée de leurs fleurs à même l'enfance.

Les bouquets se fanent au fil des ans, le blanc jaunit au fond des tiroirs remplis de papiers ou de linge plié de raideur passive, d'attente morbide. Les souvenirs racornis sur les instantanés persistent au grand air de la mémoire ailée, celle des esprits en vie qui la chérissent et la pétrissent pour le plaisir des oreilles attentives et des mirettes écarquillées. Marine, Angel, Ruben, au paradis perdu des amours qui les ont conçus, écoutent le Temps leur raconter d'où ils viennent.

« Maman, si Papy et Mamie ne s'étaient pas connus, toi tu n'aurais pas existé, alors moi non plus » a réalisé Ruben un jour de grande lucidité.

Ruben a retenu les tentatives de la mort pour arracher Albert au chemin. « Un enfant se noie dans la rivière ! Le trou de quatre mètres ! Le trou de quatre mètres ; c'est l'épisode du trou de quatre mètres ! » Et Ruben de sauter par-dessus les racines des arbres et d'écarter les ronces du revers de la main jusqu'aux égratignures ; de se rapprocher du fleuve bouillonnant, de La Loire boueuse, dont les eaux turbulentes sont souvent comparées à celles d'un fleuve africain. Des gouttelettes de sang perlent à son poignet mais Ruben n'est pas inquiet ; il a échappé à la surveillance de Marine qu'il entend, au loin, l'appeler d'une voix en alerte. Le fleuve charrie des troncs d'arbres creux comme autant de pirogues fantômes que l'enfant épie du coin de l'œil ; il lui faut avancer coûte que coûte et trouver Albert avant les géants amphibies.

« Ruben ! Ruben ! Où es-tu ? Ruben ! C'est ici que Papy a failli se noyer ! »

Ruben fait la sourde oreille. Marine se concentre de tous ses sens à l'affût des indices qui la mettront sur les traces de son frère. La nature est immense et le ciel gris si bas que le fleuve l'engloutit, l'aspire jusqu'à la dernière goutte tandis que Ruben, vêtu de vert, disparaît dans la végétation qui le cache à la vue de Marine. Elle vient d'arracher à une ronce un morceau de tissu qui provient de la veste de son frère. Il ne peut pas être loin, mais il saigne.

Soudain, une voix étouffée appelle au secours d'un ton étranglé. On entend des battements d'ailes à la surface de l'eau, ceux d'un canard qui s'envole ou des claquements de bras, ceux d'un homme qui se noie. Marine court dans la direction de la voix. « Ruben ! Tiens bon, j'arrive. Ne panique pas ! » Parler ralentit sa course mais lui permet de garder le contact avec son frère dont les appels se font de plus en plus faibles.

« Au secours ! À l'…aide ! À l'…aide !

– J'arrive Ruben ! Je suis là ! »

Marine tient la main de son frère au chaud dans le creux de la sienne. Le sang à son poigné a séché. Tous deux regardent leur grand-père et ses frères se hisser sur un banc de sable sec. Albert remercie Jacques de l'avoir tiré d'affaire. Il vient de le sauver de la noyade, de l'arracher au trou de quatre mètres. Les adolescents reprennent rapidement assez de forces pour rejoindre à la nage la rive où ils ont laissé leurs vêtements. On les voit sauter gaiement sur le sable, enjamber des troncs d'arbres morts alors que Ruben se réjouit d'être en vie.

« Sans Jacques, on n'aurait pas existé.

– On n'aurait pas existé, reprend sa sœur en l'embrassant sur le front. »

Souvent, lorsqu'ils sont ensemble, Marine et Ruben ont la chance, la joie ou la peur, d'assister à des épisodes du passé qui chevauchent dans leur naufrage le temps présent. Le frère et la sœur ne semblent pas s'en incommoder. Ils visitent ainsi la vie d'Albert dont ils connaissent l'aventure en direct pour mieux pouvoir la raconter, souvent à leur mère qui fait semblant de les croire pour digérer l'Absence. Cependant, jamais les enfants ne lui proposent de l'entraîner dans le monde parallèle qu'ils ont découvert car il appartient aux seuls êtres capables d'en trouver le chemin.

Le petit Albert ouvre la porte du train en marche comme dans les histoires qu'on raconte aux enfants pour leur faire peur et éviter les drames. Marine retient un cri alors qu'Albert reste un instant suspendu à la fourche qui le retient par le fond du pantalon. L'enfant s'agite au-dessus du vide dont il cherche les étriers pour le chevaucher. Le tissu glisse des crocs de métal polis dans lesquels miroitent les lueurs du passé. Va-t-il tomber ? L'étoffe va-t-elle se déchirer ? L'air va-t-il le porter ? Sait-t-il voler ?

Un centimètre de tissu écossais retient Albert à la vie. Marine court au ralenti pour sauver son grand-père. Elle se retourne et s'aperçoit que Ruben, essoufflé, peine à la suivre. Ses petites jambes semblent tricoter, nager dans le brouillard élastique tu temps qui les contient. Au moment où Marine accélère en direction d'Albert, laissant son frère à sa course, le pantalon lâche prise, l'étoffe se déchire et la fourche disparaît dans les nuages, actionnée par le bras du destin. Un instant, Albert pédale dans le vide. Va-t-il tomber ? Sait-t-il voler ? Une main forte, comme la sienne en devenir, le retient par le dos de la chemise pour lui sauver la peau. Albert reprend pied ferme à bord du train et la vie peut se dérouler d'aventures.

« Sans la main, on n'aurait pas existé.

101

« – On n'aurait pas existé, reprend sa sœur en l'embrasant sur le front. »

Une fois franchie la ligne de démarcation, le danger prenait une forme ordinaire, celui d'une noyade accidentelle ou d'une défenestration.

Que chacun y aille de sa plume alerte ou de son clavier tactile dans le grand livre d'or des souvenirs qui fondent en îlots qui surnagent. Que chacun s'empare des icebergs à la dérive pour souder la fratrie d'un souvenir commun sous la forme d'un livre, d'un film ou d'un jardin, à moins que les quelques mots écrits sur la tombe d'Albert ne se suffisent à eux-mêmes : « Tu es notre plus beau souvenir. »

Quant à la mère, à la Blanche, elle est la gardienne du secret, des secrets, des non-dits, de l'alcôve et des draps qui se taisent.

*

Il y a la coupole sur la brochure et le site internet, la page qui représente la cloche de verre fêlé de soleil. Albert imagine la nuit tomber sur le Nord et les cristaux étoilés s'éteindre un à un pour céder aux feux du ciel. Boule de glace flambée, la coupole s'anime comme une image satellite. Le jour, le bleu océan de la terre parcourt les nuages mouvants qui s'étirent en un dégradé filandreux, carpaccio de meringue glacée ; le soir, le rouge de la coupole de verre vibre de soleil couchant qui repeint le monde des ses nouages fondus.

La coupole a une porte qui s'ouvre sur l'appel infini de l'espace pur. L'homme y est reçu par des visages, par des sourires qui s'estompent peu à peu dans une senteur de fleur, de jasmin ou de rose selon les visiteurs, les passants, pensionnaires d'un instant. Luxuriante végétation tropicale ou dépouillement raffiné, vide calculé, jeux d'ombre et de lumière caressante, sa fille l'a aidé quelque part, quelque jour à formuler ses souhaits, à choisir les couleurs et les draps, les matières, les textures et les sons, le film sur l'écran ou l'absence de film et la compagnie d'un chat, d'un chien ou de rien, ni de personne.

Un spasme et son cœur s'arrêtera. Une seconde et il disparaîtra dans son kimono de soie, sa chemise de lin ou son costume impeccable. On peut choisir de mettre sa mort en scène ou non. Ils avaient souri de l'étendue des possibilités, mais les mises en scènes extravagantes n'apparaissaient pas sur le portail de la Coupole. Ces fantaisies devaient rester entre sa fille et lui. Rire de tout jusqu'au dernier moment, jusqu'à l'instant de la douleur. Un grand-père en perfecto enterré avec sa guitare électrique. Jusqu'au moment où la souffrance devient torture et qu'il ne s'agit plus de rire mais de mourir en paix, de revenir vers le non-être, le non-sentir, le non-gémir puisque la vie ne se résume plus qu'à un calvaire d'épines tranchantes. « Venir avec le strict nécessaire, la Coupole vous prend en charge pour le reste. » Alors, la valise d'Albert ne contient rien sinon le vide du lendemain. « Venir avec le strict nécessaire » ou même les mains vide pour recevoir la fin, le soulagement, le bien, le bon, le tendre, le luxe et la volupté que deviennent la non-souffrance, le non-acharnement, le lâcher-prise.

*

À bord du train du Nord, il reprend sa lecture qu'il n'a pas commencée. Il ouvre le livre au chapitre qu'il attend depuis longtemps pour se le réciter de mots inexacts mais vivants, ressentis dans sa chair et répétés jusqu'à la victoire sur l'épouvante. Jeune il aurait écouté son pouls, senti ses poumons se gonfler et la vie couler dans ses artères. À l'heure de sa mort, il est à court d'air, à bout de cœur et de veine et ne sait plus sentir le monde en profondeur. Il effleure les sensations qui s'échappent encore de son corps pour un moment, un instant avant d'atteindre le verre de l'édifice dont le dôme est un appel. La Coupole étincelle dans la nuit vertigineuse de son absence prochaine.

Sa fille voulait l'accompagner ou peut-être sa femme. Elles sont restées au Sud pour s'occuper des enfants. Il a voulu faire seul le chemin pour mieux se recueillir et se concentrer sur la fin. Et pourtant, il lui semble sentir sa petite main, la main frêle et douce de l'enfant dans sa grosse patte d'homme. Il contemple son annulaire rigide, replié sur son alliance ; ligament atrophié, estropié par le temps qui ne permet plus au doigt de s'étendre, de se détendre et de prendre la mesure du toucher. Il sent l'enfant aimer sa main infirme et l'embrasser de sa tendresse intacte. Il sent le corps de l'enfant blotti tout contre lui. L'enfant le protège, le garde, le sauve et écarte la peur du chemin. L'enfant est sa force, son triomphe. L'enfant l'accompagne en lui et pour lui. L'enfant le berce jusqu'à l'égarement où il reçoit son amour pur.

Il lui semble avoir pris un train pour toujours. Le temps ne passe plus ; il s'engourdit dans un bain épais de souvenirs tactiles, d'odeurs enrobantes, de baisers sonores et d'attente infinie. Une jeune fille blonde le veille de ses yeux verts et ses cheveux de conte se gonflent du vent de l'avenir. Quand elle s'éloigne, il s'accroche à son regard qui se dérobe. Tantôt face à lui, tantôt à droite, tantôt à gauche, elle est inquiète, agitée. Bientôt, il la laissera partir, c'est ce qu'elle attend et ce qu'elle redoute de ses seize ans demain. Alors, il restera seul dans le train. Tous les voyageurs seront descendus et lui il restera à bord du temps, perdu dans l'Éternité, embourbé, enneigé, englouti. Il taillera l'espace de couloirs invisibles, sillons à même le rien.

Il n'est pas encore l'heure du Toujours et de l'Infini vers lequel il chemine. Il est en arrêt, en suspend, en retrait, sur la crête de la vague avant qu'elle se rompe. L'eau grossit de mille tourbillons et il s'agrippe au train du Nord. Ses sens fugitifs, en fusion hors de lui, ne sentent plus bien de quel train il s'agit ni de quelle vague. Ses petits-enfants sont descendus près de la mer pour s'y baigner, ils traînaient derrière eux la couleur de leur jeunesse. Il leur a fait signe de la main. Ils pouvaient y aller, partir tranquilles. Lui ne pourrait plus les accompagner. L'arc-en-ciel sur le sable chaud a pris le vent dans ses formes et les enfants ont tenu la corde en courant vers la mer. Une épuisette est restée dans le train comme une trace d'existence.

Il a choisi la solitude et, désormais, seuls des spectres l'accompagnent. On a dit à une cousine de l'attendre tel jour, telle heure, telle gare, tel quai et telle voiture pour s'assurer que la Coupole prenait bien Albert en charge au Nord après son train. On a laissé le grand-père décider ; on a seulement prévenu la cousine. On lui a dit d'être invisible, de respecter la solitude et le repli du voyageur, de bien vérifier qu'on venait le chercher mais d'être discrète à tout prix. Albert ne devait l'apercevoir sous aucun prétexte. Elle n'a pas posé de questions. Elle voulait rendre service. On l'a bien remerciée. Surtout qu'elle ne s'inquiète pas. Il n'aura plus besoin de rien. Il laissera ses fantômes sur le chemin. La Coupole prendra le relais ; ce sont des professionnels, des sourires compétents, des gestes, des attentions. Mais ça on ne lui a pas dit. On a gardé le secret d'Albert roulé comme un parchemin, fermé comme une huître indigeste.

« Certains viennent en famille pour un dernier repas.

— Je ne veux pas d'adieux. Ni même sur le quai de la gare. Je serai seul pour monter dans le train.

— Laisse-nous contacter ta cousine. On ne lui dira rien ; ni où tu vas ni pourquoi.

– Ne lui dites rien. »

Il a cru avoir eu le temps de signer quelque chose, mais il n'en est pas certain. Il ne sait pas vraiment s'il est dans le train, s'il rêve de son lit ou même de l'hôpital. Depuis des semaines, il dort dans un fauteuil. Il ne peut plus s'allonger, il lui semble étouffer et la douleur se répand. Ibuprofène, métamizole, il alterne, mais les nuits sont longues et le train si loin, les papiers si compliqués et sa fille si indécise. Tout est en français, il a fini par se débrouiller seul avec ses lunettes et ses dernières forces. Il a signé. Il a payé. Il ne lui reste plus qu'à partir, qu'à franchir sa décision, qu'à laisser derrière lui les tergiversations. Il sait qu'il le doit. Il compte sur lui-même au nom de ce qu'il était. Il ne doit pas être lâche. Le courage est sa victoire.

Il est sorti faire les courses une dernière fois au village et la terre s'est fendue, le trottoir s'est ouvert. Une ligne vibrante a coupé le paysage en deux ; le métro lui est passé à trois centimètres du nez. Maudit passage à niveau qu'ils doivent enterrer depuis des années ! Alice a dit qu'il ne pouvait plus conduire. À pied, il a eu si peur. La voiture est restée au garage. Elle sera pour sa petite fille. Dans deux ans, elle pourra la conduire.

Devant le distributeur de billets, il ne connaît plus son code secret et sa fille dit que ce n'est pas grave, que ça va revenir, que ce sont des choses qui arrivent. La mémoire à l'envers et le corps gros de vide, il avance vers la maison sans connaître son chemin. Il s'assoit sur un banc, quitte ses lunettes et les remet de travers, les quitte de nouveau et se les accroche au cou, incapable de se les poser sur le nez.

Il n'a jamais pris son train. Il est resté assis sur son banc et la nuit est tombée. Alice l'a retrouvé. La coupole s'est éteinte comme une lanterne fanée, comme une fleur électrique usagée.

Alice a pris la main de son père et l'a guidé vers la maison. Il a avalé un puissant somnifère et la démence est arrivée, le film s'est déchaîné, les images l'ont pénétré ou il les a traversées. Il a vu le monstre à la porte de ses yeux, au seuil de son être et il l'a percuté. Il est sorti du sommeil. Il est resté hébété. Il a uriné sur la commode en croyant aller aux toilettes et ses pieds ont refusé d'avancer. Alors il est tombé et sa femme l'a relevé. Elle n'a pas voulu appeler. Elle n'a pas voulu déranger. Les enfants dormaient. Elle a cru pouvoir se débrouiller. Ils sont tombés tous les deux ; elle a fini par appeler. Elle s'est recouchée à côté de lui. Barrière humaine à ses tentatives d'évasion. De l'autre côté, on a coincé un canapé à haut dossier entre la commode et le lit pour qu'Albert ne puisse pas l'enjamber.

À quoi bon retourner aux urgences. La date de l'opération programmée est enfin arrivée après des secondes étirées en minutes, des minutes gonflées en heures, des heures en journée et des nuits en années, en siècles, en éternité. Demain s'anime d'attente de compétence, de professionnalisme, de blouses banches et d'efficacité, de lit médicalisé.

Vingt-quatre heures. Il est trop tard et Alice le sait, trop tard pour le train, trop tard pour l'opération, trop tard pour les urgences qui n'ont pas voulu de lui à temps. Il n'était déjà plus temps. Trop tard pour tout. Plus tard elle se demandera si elle n'aurait pas dû le laisser mourir à la maison, tranquillement, naturellement. Il fallait oser, en avoir le cran, la force, le courage, l'héroïsme. Il fallait avoir vaincu l'espoir et combattu celui des autres. Les enfants n'étaient pas prêts ; sa mère n'était pas prête, et elle l'était-elle vraiment ? Mais surtout, elle leur faisait encore confiance. Plus tard, elle se demandera comment elle avait pu leur abandonner son père après avoir subi l'incompétence des urgences. Elle comptait sur la morphine, sur sa magie, sur son songe cotonneux, sur son départ feutré, sur son train vaporeux, sur sa coupole brumeuse et sur sa cloche isolante pour tenir à distance le grand inquisiteur et son bûcher crépitant.

Elle s'est trompée. Ils l'ont prolongé sans le soulager. Ils l'ont regonflé pour le torturer. Il allait s'éteindre, ils lui ont rendu la souffrance à coups de perfusions et de réhydratation. Il a remarché, il s'est relevé pour assister à sa déchéance et à son humiliation. Ils lui ont rendu la capacité de souffrir alors qu'il allait sombrer dans le coma sans râle, dans l'amnésie de son être.

*

À bord du train qu'il a raté, le vieil homme reprend sa lecture de bribes mémorisées, de fragments sanctifiés. De sa vie, il ne sait plus se souvenir. Elle s'est perdue dans un abîme. Un enfant le regarde sans le voir et lui il ne voit pas l'enfant. Il ne voit plus personne, et personne ne le voit. Il s'efface du monde qui le traverse comme une ombre. Il entend seulement de sa voix linéaire l'histoire qui l'apaise. Sa préparation. Son initiation jamais achevée, jamais complétée. Il confond la mélodie du récit avec la musique jouée par Angel, la musique de Liszt : grâce et sentiment du garçon qui l'interprète au piano, ressenti immense d'amour et d'émotion lourde de pesanteur mortuaire, de prophétie douloureuse. Ses petits-enfants se mélangent à la musique dans une somptueuse cacophonie.

Sur son fauteuil roulant, l'enfant se déshydrate. Souheil, onze ans, ne peut pas accéder au robinet. Il y a une marche entre lui et la cuisine, des bosses et des pierres entre le tuyau d'arrosage et lui. Personne ne s'occupe de l'enfant aujourd'hui qu'il fait si chaud d'été à nu. Sa mère a bu son mal jusqu'à l'oubli et s'est écroulée sur une chaise longue à bord d'une terrasse cuite de soleil. Elle a vomi dans la piscine brouillée par son image bouffie de trop plein et Souheil se déshydrate. Il a crié au secours, au secours de sa pauvre vie sans que sa mère l'entende de l'autre côté de l'alcool. L'eau de feu a coulé dans sa gorge de femme brûlée et a muré ses sens, enlisé son ouïe,

110

brouillé sa vue et plâtré son odorat... La mère est au bout de la course de son souffle, de la corde de sa vie et l'enfant se déshydrate. Il va bientôt y passer alors que la mère ravale ses vomissures couchées sur le dos en plein sommeil.

C'est alors qu'une mélodie s'élève de rien, naît de nulle part et s'échappe de l'espace en volutes. Musique réparatrice des douleurs aigües, des déchirures électriques et des blessures internes, elle nettoie l'atmosphère du vice de l'indifférence et sans réanimer la mère, qui n'en vaut pas la peine, abreuve l'enfant à son espoir, le réhydrate et le sauve en l'arrosant de l'intérieur pour humidifier son cœur. L'enfant de mélodie secouru, se lève de son fauteuil et marche jusqu'à la mère. Il pardonne et appelle un numéro d'urgence.

La musique s'éteint et les jambes de Souheil se dérobent sous lui. Le miracle voulait que sa mère meure barbouillée de sa fange. En appelant les secours, l'enfant a fait un autre choix que la mélodie vengeresse n'accepte pas. Il doit maintenant ramper jusqu'à son fauteuil ; ses jambes ne le portent plus. Il lui fallait laisser mourir sa mère pour leur redonner vie. La sacrifier lui aurait rendu l'usage de ses membres inférieurs.

Il comprend sans qu'on lui explique. La mélodie ne parle pas, elle insuffle une connaissance qui se répand à l'insu de celui à qui il est permis de l'entendre et qui peut faire le choix de ne pas l'écouter. Parfois, le destin s'empare de la décision et, pour imposer sa loi, anéantit le libre-arbitre de celui qui entend la musique.

Lorsque les secours arrivent Souheil se baigne. Sa mère est morte ; il est trop tard. Les jambes de l'enfant le portent dans les escaliers au sortir de l'eau. Le destin a choisi pour lui et lui a redonné jambes en sacrifiant la mère. « Pourquoi n'a-t-il pas appelé les secours à temps ? Pourquoi a-t-il laissé mourir sa mère ? » À cet *instant quelqu'un voit le fauteuil roulant ; une voisine raconte l'accident du père et de l'enfant. La mort du père et le martyre du fils en fauteuil roulant, tantôt béquille, tantôt fardeau d'une mère alcoolique. Et les voisins qui se taisaient par peur de quoi, de qui ? La voisine qui s'accuse d'avoir gardé le silence, reconnaît avoir été lâche. Si elle avait appelé la DASS, la mère serait encore en vie. Contradiction dans les priorités, sorte de lapsus elliptique qui reflète les hésitations du voisinage. Pour certains la mère était alcoolique avant le drame, le décès du père et le handicape de l'enfant, pour d'autre l'accident est à l'origine de sa dépression. Elle n'avait pas su faire face. Elle avait sombré dans l'alcoolisme. D'aucuns disaient qu'elle prenait d'autres substances. Le médecin légiste se prononcerait.*

Et puis sur le seuil de la porte, il y a un ange qui chante d'une voix aigüe, un enfant soprano qui joue de ses cordes de tête, contre do, contre ré, contre mi, contre contre jusqu'aux Cieux. Un piano lui répond puis une harpe ; un orchestre se déploie dans l'atmosphère. La mélodie a sauvé l'enfant qui se baigne et se baigne dans la piscine de l'oubli et se construit des ailes pour chevaucher la symphonie. Il plane, il vole, il vit en apesanteur dans la piscine d'eau chaude alors que sa mère morte l'appelle par-delà les royaumes et qu'il y renonce à jamais. Le petit chanteur, son ami, le nourrit de refrains invincibles, invisibles aux oreilles des adultes disparus de leur univers musical.

Les journaux n'ont pas parlé du miracle. L'autopsie a révélé que la mère avait succombé à une insolation alors qu'elle se trouvait dans un état d'ébriété avancé.

Le vieil homme a su jusqu'au bout la mélodie du

songe et sa fille n'a pas eu besoin de lui chanter l'histoire. Il l'a sue et il dort un instant de délivrance aux rêves médicamenteux mais bientôt les douleurs reprennent et sa femme lui donne un somnifère. Aussitôt, des chimères s'emparent de son crâne et des gargouilles en feu grimacent aux portes de son être. La fumée qui avance absorbe sa démence en un tout maléfique qui s'agite de dragons mutilés et d'orcs éventrés. Les mots se dérobent pour raconter l'épouvante des films qu'il a aimés des yeux de ses petits-enfants. Il ne sait plus d'où viennent les créatures giflantes qui dansent autour de lui. Son cerveau affaibli lutte à sa manière contre le poison. Le somnifère lui impose une guerre à monstres déployés qui s'écrasent dans ses cauchemars en overdose douloureuse. Des carcasses broyées s'entassent au cœur de la nuit en bataille inutile alors qu'au réveil, Albert cherche à se nouer la ceinture autour du cou et les lacets au poignet. Il semble vouloir ligoter sa peur ou mettre fin à sa rage mais il veut simplement se vêtir, se parer pour partir, pour quitter cet instant de douleur et de mépris à l'égard de ce qu'il a toujours été, en pleine possession de ses facultés.

Le père ne sait plus s'il est dans le train, sur un bateau, dans un avion, si sa valise est prête et même s'il est déjà parti... vers le Nord, vers la Coupole, tous papiers signés pour ne plus exister. Sa fille va-t-elle l'accompagner ou bien son chien ou la musique ?

TROISIÈME PARTIE

AU NOM DU PÈRE

« Il aurait aimé se changer en poème, puis faire en sorte que la poésie devînt vérité. »

Pascal Mercier, *Train de nuit pour Lisbonne*

« Ma mère ne peut pas passer la nuit à l'hôpital et je dois m'occuper de mes enfants. Mon père n'aurait pas voulu que la vie s'arrête à cause de lui. Mon père n'aurait pas voulu que ses petits-enfants cessent d'aller à l'école.

— Et les gardes privées ?

— Et les gardes privées ? »

C'est alors que la surveillante présente Inès à Alice, jeune et avenante. Le grand-père esquisse un sourire sans comprendre qui elle est. Une passagère ? Une nymphe peut-être ou une note de musique ? Il garde les formes comme on a appris un rôle. La bonne éducation. Un réflexe, une seconde nature. Pantomime à l'hôpital. Conditionnement perpétuel à singer la vie. On reconnaît sous le masque moribond, le gentleman, le Monsieur, dont parlait la boulangère. « Mes hommages, Madame » semblent dire ses yeux aux reflets d'antan. L'esquisse de sourire déchire sa peau de vieux en un éclair fugace qui s'éteint aussitôt pour laisser place au masque de la mort.

Inès devra partir à neuf heures, la mère n'arrivera qu'à dix.

« On va encore retrouver votre père dans le couloir. Il va encore s'arracher les vêtements. Le pauvre homme. Votre mère ne peut vraiment pas arriver avant ?

— Elle a 77 ans.

— Et vous ?

— Je travaille. »

Alice se contient pour ne pas hausser le ton, pour ne pas laisser éclater sa colère. Elle pense : « et cette Inès, elle ne peut pas rester une heure de plus pour le même prix ? » *Business* de la mort. Et si les infirmières étaient plus consciencieuses, si elles faisaient leurs rondes de manière régulière au lieu de compter sur les familles pour veiller les malades ? Et si les gardes privées n'étaient pas institutionnalisées même dans les hôpitaux publics ?

« Et si on donnait de la morphine à mon père, tout simplement, comme cela va de soi. »

Elle reparle de morphine malgré elle, sans avoir réfléchi à ses propos. Pour ne pas risquer de les offenser, elle devrait toujours peser ses mots avant de les articuler. Elle craint leur vengeance qu'elle croit aller de paire avec l'obscurantisme.

« Pour la facilité, faites-le pour la facilité. Pour maintenir mon père au lit si vous avez peur qu'il se donne en spectacle. » L'infirmière essaie d'imposer sa voix pour placer son discours. « Un instant s'il vous plaît. Laissez-moi terminer. » Elles parlent en même temps. Cacophonie.

« Il doit mourir comme un homme entouré de sa

famille et non pas comme un animal.

– J'ai seulement peur qu'il souffre ; votre opinion m'importe peu. Il ne me voit plus ; il ne me sent plus ; il est replié sur sa douleur ; il est sa douleur et seule la morphine peut lui rendre la mort moins laide, plus supportable, plus confortable. Il n'attend plus rien de sa famille, pas à ce stade de la maladie. Il attend de la médecine le soulagement et non plus la guérison. Nous l'avons tous accompagné jusqu'où nous le pouvions, jusqu'où il nous suivait encore. Il est trop tard, il n'est plus temps et vous le savez. Vous me trouvez indigne alors que vous êtes indignes de pratiquer la médecine comme vous le faites. Nous sommes au XXIème siècle ! Vous cherchez à me faire sentir coupable de travailler, de ne pas avoir de proches pour s'occuper de mon père, de vivre loin de mon pays, d'avoir des enfants à élever. La vie ne s'arrête pas parce que mon père meurt. Qu'on le veuille ou non, la vie est là pour celui qui a dix ans. La vie doit être là, selon la volonté de mon père. Qu'on le veuille ou non, qu'on l'accepte ou non, la douleur est le corps de celui qui la ressent. Il faut absolument le soulager. »

Une autre discussion vaine et les enfants dont il faut s'occuper, le plus petit qui appelle, toutes les heures, sur le portable d'Alice pour savoir quand elle va venir le chercher. Il a besoin d'elle pour combler l'absence de son grand-père et se sentir vivre contre le cœur de sa mère.

*

C'est la grand-mère qui obtient ce que la fille n'a pu obtenir par les mots. C'est la mine de Blanche qui fait céder l'interne. Une heure plus tard, le père n'est plus. Alice au volant de sa voiture apprend que son père est mort de la voix de sa mère qui appelle de l'hôpital. C'est fini. Il est délivré. Elle se gare et applaudit.

« Bravo ! Bravo papy ! Tu as réussi. Tu es parti. »

Angel éclate en sanglots de délivrance mêlée de peur du vide. Il ne comprend pas la réaction de sa mère qui doit être pourtant la bonne. « Bravo ! Bravo papy ! » Angel décide de se contenter de pleurer pour toujours. Et Ruben, et Marine qu'il faudra prévenir.

*

Alice cherche son souffle. Alice étouffe dans sa peau d'Alice, mère de trois enfants et fille d'un mort. Elle attend sa visite, mais il ne vient plus. Elle le guette dans ses rêves, mais il n'apparaît plus. Il l'a laissée tomber alors elle lui en veut. Pourquoi, comment ? Elle l'accuse de ne pas avoir vécu plus vieux. Comme si c'était de sa faute ! Elle se laisse aller à le croire coupable. Comment a-t-il osé, osé l'abandonner, la laisser seule et responsable de tout ? Responsable de sa mère, sa femme à lui qu'il a si mal élevée. Sa femme à lui qui devient son enfant, sa charge, sa responsabilité à elle. Sa Blanche au teint de neige et aux cheveux si fins. Sa femme contre laquelle il se blottissait pour dormir. Sa femme qu'il pardonnait, qu'il aimait de son corps d'homme quand dans son cœur il savait qu'elle était dure avec lui, avec tous, injuste de rigidité et de principes. Les reproches de l'épouse glissaient sur sa peau d'éléphant hermétique à la boue des propos.

Alice se laisse un instant aller à juger ses parents. Puis elle contient la guerre qui explose en elle de rage impuissante. Que sait-elle après tout des lois qui géraient leur relation et digéraient leurs disputes. Elle écrase sa colère sous un oreiller lourd de plumes de temps tassé sur lequel s'abattent ses poings secs qui creusent des cratères compacts dans le tissu ravaudé – bouillie de nervures et de feuilles d'oiseaux enveloppée dans la taie jaunie. Elle verse, par instant, quelques larmes fines, quelques perles rares alors que sa souffrance stagne en profondeur et l'inonde à intérieur. Des nappes de pétrole gras s'enflamment dans ses entrailles qui cuisent dans un chaudron d'angoisse. Il est absence ; il est néant ; il est mort.

Alice cherche un second souffle à sa vie. Il y a l'avant et l'après Albert. « On a déjà fait un bon bout de chemin ensemble, chemin ensemble, chemin ensemble... » Les mots se perdent jusqu'à la fourche où le fantôme s'arrête. Alice prend à droite et le spectre à gauche. L'ombre du père se matérialise ; son squelette vibre dans le vent d'automne. L'or des arbres a fondu avec le soleil et se répand sur le chemin en une pâte qui colle aux pieds des pèlerins harassés. Le Temps passe feuille à feuille dans l'almanach du monde et la neige grince aux articulations du vieil homme mort sur la route. La roue tourne de saisons hostiles en intempéries cycliques et Alice piétine dans un désert de cendre. Et le reste ? Et la suite ? Et les études des enfants ? Et le bonheur ? Et l'argent ? Et les responsabilités ?

Le quotidien est fait de soucis grinçants car toujours les objets, les machines se liguent pour gêner les vivants. Les choses sont habitées d'esprits malicieux qui mettent les nerfs à l'épreuve. La voiture qui ne démarre pas, le robinet qui fuit, la chaudière qui ne produit plus d'eau chaude, la panne d'électricité sont autant d'avaries que le père savait régler ou même prévenir par un contrôle minutieux de chaque maillon au bon moment. Il était le garant du parfait déroulement de l'engrenage domestique et s'affairait dans le jardin, à la cave, au grenier pour vérifier, réparer, souder, gainer, remplacer les éléments du tout dont chacun occupe une position stratégique. Il garantissait le fonctionnement de leur monde, à chaque étape, afin d'éviter l'effet domino ou pierre de sucre, réaction en chaîne dévastatrice de l'ordre ménager.

Du temps du père, Alice appréciait sa méticulosité, son adresse et son dévouement ; sous son règne à elle, le chaos s'installe et la fille regrette également Albert pour des raisons matérielles. Même si ces préoccupations ne semblent pas correspondre à son amour qu'elle voudrait si beau, si pur et si désintéressé, elles servent à ériger le souvenir du père en un modèle qui la renvoie à ses propres manquements, à ses faiblesses, à son inadéquation, à tous ses défauts dont le poids la leste comme un fardeau malin qui se lie aux objets pour la détruire. De ce malaise naissent des cauchemars à répétition. Des maisons en ruine, en flammes, dans des contrées hostiles d'où on ne s'échappe plus s'agitent en visions cataclysmiques de son futur sans lui. La terre y tremble et la mer y boue de marées noires géantes.

Alice prie ses rêves de l'aider, de ne plus utiliser catastrophes et fléaux pour la réconforter, par contraste, lorsqu'au réveil elle s'aperçoit que sa maison est une et que la rue est calme. Son cerveau lui a offert le désastre pour y opposer la sérénité d'un matin ordinaire sur lequel se posent ses yeux gonflés. Bientôt son vœu est exaucé et les cauchemars cessent ; des signes indéchiffrables, des ombres indéfinissables s'emparent de sa nuit illisible et chassent l'apocalypse de son esprit en bataille. D'autres rêves peuvent alors emprunter d'autres réseaux, adhérer à d'autres registres pour faire enfin vibrer les cordes du réconfort.

Alors un jour, il apparaît comme il était, la mort l'a quitté. Alice pleure dans ses bras forts et sa rage se noie dans des torrents pacificateurs. Le pétrole s'évapore en nuages de soulagement. Son père plaisante avec une voisine dans une langue qu'elle ne comprend pas. La voisine qu'elle ne connaît pas – elle sait cependant qu'il s'agit d'une voisine – se met à rire, à rire des histoires du père. Les pleurs d'Alice gonflent du rire de la femme et le rire de la femme des pleurs d'Alice ; les sanglots se répandent en cascades de rires hoqueteux et Alice va mieux. Sa colère se dissipe ; sa haine se tasse lorsqu'elle la piétine à pieds joints. Elle est fière de son père qui a su la rassurer, la soigner par l'humour comme il l'a toujours fait. Elle attend sa prochaine visite.

Il n'est pas mort, on l'a soigné. Elle allume la lumière. Il est trois heures du matin. Un instant, elle croit vraiment qu'il est revenu, rentré de voyage. Il a raté son train, il revient la valise à la main. La lumière baigne la chambre d'un étrange soleil voilé, il pleut sur le père qui la regarde. Elle se réveille. La chambre du rêve, la lampe, l'interrupteur sont les mêmes que ceux de sa chambre à elle, de la vraie. Son père y dormait souvent à ses côtés au temps de l'hôpital. Il se dédoublait pour qu'elle le veille. Il s'installait près d'elle sans la déranger pour qu'elle continue à travailler et à s'occuper des enfants.

Huit mois déjà qu'elle ne sent plus le plomb de son corps affaisser sa couche, écraser son sommier. Pourtant, elle respire encore son odeur et sent toujours la caresse du duvet de ses cheveux contre son visage. Il était beau et propre, digne jusqu'à la racine de son sexe qu'elle avait dû laver. Il avait encore de la pudeur devant les visiteurs mais plus devant, elle, sa fille, mais plus devant Marine, sa petite fille. Il avait confiance, il s'était fait amour. Elles s'étaient faites amour, les femmes de sa vie. À sa mort, Marine était une autre, elle avait grandi, vieilli de cinq ans, mûri. Était-il mort pour la sauver, pour qu'elle sache que ce n'était pas pour rire, que c'était pour de vrai ? Lui avait-il fait don de sa vie ? Elle, Alice apprenait lentement à suivre l'exemple, à devenir capitaine, guide et flambeau. Et Blanche ?

Sauraient-elles lutter contre elles-mêmes au nom du père ?

*

C'est au cœur du doute et du vide qu'elles tournent les pages, la mère et la fille. Il leur faut trier les papiers d'Albert, faire le nécessaire, pour s'occuper, pour tromper l'absence et tourner la page de plomb, la page du père, lourde comme sa charpente et ses mains épaisses d'homme fort qu'elles admiraient, que tous ils admiraient pour survivre à l'altérité et à l'exil, au travail à l'étranger, à la baguette pas cuite et aux légumes poussés à l'engrais, comme si en France c'était mieux, comme si tout y était plus sain, mieux fait, estampillé grand cru !

La mère se lasse et laisse à la fille le pouvoir du fossoyeur, celui d'ensevelir. Elle peut déchirer, brûler pour oublier ou enterrer. Elle choisit, au contraire, d'archiver, de conserver et de chérir ce qui lui semble beau, bon ou bien. Blanche se replie sur un maigre butin de lignes en vrac qu'elle enfouit au fond d'un coffre alors qu'Alice, de son côté, continue à fouiller et à trier. Au cœur des effets du père aimé, en désordre parmi les livres de compte, elle découvre des carnets éparpillés d'une main tremblante. Déclassés par la tumeur, ils contiennent les textes d'une vie dont les pages froissées témoignent

125

de la fin, des heures passées devant un dossier à ne plus rien y comprendre, des heures passées à regarder les mots danser avec le lointain souvenir qu'ils avaient voulu dire quelque chose.

« Prends ce stylo papy. Écris ce que tu veux nous dire si tu n'arrives plus à parler, avait proposé Ruben.

– Non, non, avait murmuré le père »
Alice était vite passée à autre chose.

Les pauvres mâchoires de l'homme qui avait longtemps parlé si beau, ne retenaient plus son dentier qui se promenait dans sa bouche en claquant d'inconfort. Il valsait dans sa cavité comme rumine un bovin, en rond, de gauche à droite, de droite à gauche, de haut en bas, de bas en haut, dans le sens des aiguilles d'une montre ou inversement. Albert, debout de ses petits pas traînants qui faisaient redouter une chute, n'avait plus de mots pour dire ni pour écrire ; le verbe s'égarait entre le cerveau et la bouche, entre le cerveau et la main dans un fouillis de circuits brouillés, d'aiguillages grippés, de connections mêlées qui fondaient avec le grand-père dont l'ombre ouvrait maintenant le chemin comme son chien.

« Avance papy. Avance. Avance un pied, puis l'autre. Avance jusqu'à ton fauteuil. C'est bien Papy, ton pied a bougé, maintenant l'autre. Avance l'autre pied. Ne reste pas debout au milieu du salon. Avance jusqu'à ton fauteuil pour t'asseoir. »

Et Marine promenait son grand-père de paroles patientes en espérant que demain, il pourrait davantage.

Elle l'emmènerait jusque chez le boulanger, pour qu'il sorte un peu et reprenne vigueur.

*

Chiffres et lettres se mélangent sous les yeux d'Alice étourdie du sang du père, de cette encre versée sur les pages dans un vertige de mots et de calculs. Des textes graffités d'opérations forment autant de sudokus décousus ou d'idéogrammes indéchiffrables. Des extraits recouverts des pattes de mouche d'un dernier effort tachent les souvenirs de biffages contradictoires et dansent dans le crâne d'Alice qui les absorbent et désormais les contient. Dans une ultime tentative d'éclaircissement, Albert a brossé le chaos de son esprit pris de chevauchements et de désynchronisations. Des notes de musique, en noir sur le papier jauni, se froissent au rythme des battements du père dont le cœur est prisonnier des mots. Sa fin est dessinée en creux dans le trouble de papier et de signes désordonnés. Sa vie est mise en pages de fragments épars impossibles à souder. Son apothéose s'accumule pêle-mêle dans des carnets de mots et de phrases tachés d'accumulations superposées.

Mutisme d'Alice au vide de la chambre face au tumulte d'un carnet rouge à spirale :

« The/cradle** rocks, above an°°.. ;: abyss, and common ,,, sense tells us that our

« Le berceau tangue au-dessus d'un abîme, et le sens

commun nous dit que notre

*existence// ::: is but a brief*** crack of°° » » » light between….. two eternities / of/ darkness.*

existence n'est qu'un bref éclair entre deux éternités d'ombre.

~Although the two are identical twins, man, as a rule, views the prenatal abyss

Bien que les deux extrémités soient de vraies jumelles, l'homme, de manière générale, considère l'abime prénatal

with …..more°° calm,,,,,, than the one he !!! is heading§§§§for (at some forty-five))) **hundred**

avec plus de calme que celui vers lequel il avance (à quelque quatre mille cinq cents battements de coeur à l'heure). La nature attend d'un adulte véritable d'accepter les deux

heartbeats *an hour). (…) Nature expects a °°°°full-grown man to ??.... ;/ accept the two*

vides obscurs, avant et après, de manière aussi évidente qu'il accepte les visions extraodinaires

black voids, *fore and aft,/// as…. stolidly as ?? he accepts the* **extraordinary visions**

between.(...) I rebel agai_nst this state of affairs. I fe el the urge to ta ke my

entre les deux.(...)Je me rebelle contre cet état de fait. Je ressens le besoin urgent de montrer

rebellion outside °°°and picket//// nature. Over and over ?? again, my mind,,, has// made

ma révolte au grand jour et de le faire savoir à la nature. Mon esprit n'a cessé, encore et toujours, de faire

*colossal ****/ efforts to distinguish the ++++ faintest of personal glimmers in the*

des effots colossaux pour distinguer la plus ténue des lueurs personnelles dans

impersonal darkness on both sides of my life. That this darkness is caused

l'obscurité impersonnelle de chaque côté de ma vie. Que cette obscurité soit causée

~~merely by~~ **the walls of time** ~~separating me ......and my // ,,bruised ...fists from the free~~

~~principalement par les murs du temps qui me séparent moi et mes poings meurtris du monde libre~~

~~————————— world of~~ **timelessness** ~~is a belief I gladly share with the /////most gaudily painted~~

~~de l'éternité est une croyance que je suis heureux de partager avec les sauvages peints de la manière la plus voyante.~~

~~Savage. I have °°journeyed » back in thought 3-with thought~~ **hopelessly** ~~tapering off~~

~~J'ai voyagé en arrière par la pensée — ma pensée s'éteignant désespérément au fur et à mesure~~

~~as I 000went ;°°,,, to remote regions88 where I groped °°for some~~ **secret** ~~outlet only to~~

~~que je m'enfonçais — dans des régions où je cherchais à tâtons quelque indice seulement pour~~

~~discover that~~ **the prison of time is spherical and without exists. »**

~~découvrir que la prison du temps est sphérique et sans issue. »~~

      Pendant qu'Alice contemple la page vide de sens qui la sépare de son père, Blanche se replie sur son coffre de souvenirs à l'écart des visions d'Albert. Elle y lit et relit l'amour du père dans le désir immobile de le garder pour elle. « Qui repeindra le ciel de mon enfance, qui se souviendra de moi ? Qui sentira courir sur mon corps les fourmis de l'engourdissement, monter en moi la nausée de l'absence de vous ? Qui vous aimera comme je vous ai aimés, comme j'aurais toujours voulu vous aimer ? Qu'on oublie ma vie avec ses joies et ses petits chagrins, qu'on enterre les événements, les combats, les faits et les comptes ; qu'on se souvienne de mon amour de vous ! Qu'on laisse faner les couleurs du tableau, s'effacer les traits de mon visage, qu'on ne garde de moi qu'une chaleur, un élan, un espoir. » Blanche marque une pause à la fin du texte. « Qui repeindra le ciel de mon enfance, qui se souviendra de moi ? Qui sentira courir sur mon corps les fourmis de l'engourdissement, monter en moi la nausée de l'absence de vous ? Qui vous aimera comme je vous ai aimés, comme j'aurais toujours voulu vous aimer ? Qu'on oublie ma vie avec ses joies et ses petits chagrins, qu'on enterre les événements, les combats, les faits et les comptes ; qu'on se souvienne de mon amour de vous ! Qu'on laisse faner les couleurs du tableau, s'effacer les traits de mon visage, qu'on ne garde de moi qu'une chaleur, un élan, un espoir. » Elle reprend son souffle. « Qui sentira courir sur mon corps les fourmis de l'engourdissement, monter en moi la nausée de l'absence... » à l'infini d'un veuvage sans fond.

*

Fin du mutisme à spirale. Alice déchiffre, à grand-peine, les mots brouillés dans l'épaisseur du carnet. Elle y travaille d'arrache-tête à s'en noircir les ongles. Lorsque le palimpseste livre enfin le texte d'origine, la fille pousse un soupir de soulagement. Alice a gommé les annotations impénétrables poussées d'elles-mêmes, en marge et sur le texte ; elle a élagué les lianes enlacées qui formaient dédale à perdre le sens.

« The cradle rocks above an abyss, and common sense tells us that our existence is but a brief crack of light between two eternities of darkness. Although the two are identical twins, man, as a rule, views the prenatal abyss with more calm than the one he is heading for (at some forty-five hundred heartbeats an hour). (…) Nature expects a full-grown man to accept the two black voids, fore and aft, as stolidly as he accepts the extraordinary visions between. (...) I rebel against this state of affairs. I feel the urge to take my rebellion outside and picket nature. Over and over again, my mind has made colossal efforts to distinguish the faintest of personal glimmers in the impersonal darkness on both sides of my life. That this darkness is caused merely by the walls of time separating me and my bruised fists from the free world of timelessness is a belief I gladly share with the most gaudily painted savage. I have journeyed back in thought – *with thought hopelessly tapering off as I went* – *to remote regions where I groped for some secret outlet only to discover that the prison of time is spherical and without exists. »*

Speak, Memory

Alice a reconstitué un échantillon de la trame que Nabokov, enfermé dans la prison du temps, a tissée pour y broder sa mémoire. Le berceau d'Albert vient de s'y poser. Il est né vieux comme Benjamin Button. Alice semble épouser le cerveau du père qui l'entraîne dans les méandres lugubres d'avant son train, d'avant le grand départ auquel il se préparait de textes choisis. Le labyrinthe mental d'Albert s'est reconstitué pour Alice qui

131

en comprend les phrases égarées. Empathie de mots broyés.

La fille tourne les pages du carnet rouge à spirale qui dégorge des quantités de citations enfouies sous des strates cousues de chiffres et de musique enchevêtrés, fragments biffés, raturés, réécrits en rouge sur un premier texte en noir, hiéroglyphes sanglants qui s'étirent sur une partition disjonctée en forme de toile d'araignée. Pour chaque bribe de texte, Alice s'acharne à démêler les lignes, à ordonner les mots. Patiente d'heures et de jours qui traînent de chagrin, Alice aimante, file les souvenirs de son père en écheveau serré. Les textes qu'il aimait se fondent à ce qu'il était car il était un peu ces phrases bâties dans le papier jusqu'au sang. Sa préparation. Son voyage prochain et les textes qui l'annoncent comme le départ du train. Des mots gare de triage qui fourchent et qui dévient, qui réorientent ou dispersent dans l'univers. La tumeur qui fait dérailler les phrases en guirlandes hirsutes à rouler sous les meubles et dans les caniveaux de liqueurs imbibés. Alice comprend l'effort du père pour organiser ses notes comme il s'attachait la cravate à la cheville et se mettait les lunettes au poignet. Désynchronisation, enrayage de la machine à refuser de s'arrêter, de se mettre en position de sécurité. Le père ne le fera, en souvenir, qu'à bord de son train alors qu'il est trop tard.

Les vestiges du père sont autant de paroles enfilées pour le guider hors de lui-même, pour l'aider à mourir et à s'initier. Textes en filigrane dans sa mémoire vert-de-gris. La fille s'acharne à déchiffrer les mots brouillés dans l'épaisseur du carnet. Nichée de termites, vermoulures en copeaux ouvragés, balayures qui s'éteignent en traînées de poussière. Alice, à quatre pattes dans la sciure, gratte les couches décomposées en sable de bois jusqu'au magma, jusqu'au feu du père qui s'est éteint. Dans la solitude du deuil qui l'étouffe, elle continue à dévisager les citations du carnet, à gommer les surcharges, à effacer les annotations jusqu'à reconstituer le texte premier, celui écrit de la main du père, avant les lacets et les détours, avant les juxtapositions et les mélanges décoiffés, avant les lignes brouillées et les tornades de lettres en torsades, avant les lésions et les œdèmes au cerveau.

« Il lui était souvent arrivé de rouvrir une porte, simplement pour attester qu'il ne l'avait pas derrière lui fermée à jamais, de se retourner vers un passant quitté pour nier la finalité d'un départ, se démontrant ainsi à soi-même sa courte liberté d'homme. Cette fois, l'irréversible était accompli. »

Marguerite Yourcenar, *L'Œuvre au noir*

Alice écoute la voix du père d'antan lui conter les mots de l'absence en une litanie continue qu'elle déchiffre de sa patience de fille. Les textes cités n'apparaissent pas dans l'ordre de parution ni dans l'ordre dans lequel Albert les a lus. Il s'agit plutôt d'un bouquet final, d'un feu de citations qui lui étaient chères, regroupées dans des carnets à la fin, après, au bout, avant la montre à la cheville, la cravate à l'oreille et la ceinture à l'épaule.

Alice se glisse dans son père et comprend ses choix, le choix de ces mots, de ses mots pour s'expliquer son départ, la nécessité et la justesse du train qui part, sa difficulté à se dire lui-même, son besoin d'emprunter à d'autres leurs émotions, à des personnages de papier avec lesquels il partageait souvent un sentiment, une impression de quelques lignes au ras du texte ou bien rien et c'était ce rien, cette étrangeté, qui l'en rapprochait comme les contraires peuvent s'assembler dans la vie au quotidien.

Les mots résonnent en Alice comme une explication. Le père les avait copiés pour lui-même dans le carnet rouge à spirale pour s'initier, pour se réconforter, pour se conforter dans sa décision et se résoudre à la mener jusqu'au bout, à la mener à bien, à la conduire jusqu'au Nord coûte que coûte. « Même à bord de ses rêves ou d'une chambre d'hôpital » pense Alice. Au moment où il rassemblait ces phrases, il les rassemblait aussi pour elle qui les découvre aujourd'hui. Il a laissé un fil à suivre pour le retrouver, une corde à nœuds à grimper jusqu'à la rencontre avec son essence, avec le fondement de ses choix enfoui dans les textes choisis.

« À Benevento, elle laissa derrière elle les souvenirs de sa vie. Tous. Eparpillés comme un album de photos que l'on secoue par la fenêtre. Elle les répandit sur le quai. Vingt ans de souvenirs auxquels elle ne penserait plus jamais. Les heures passées dans l'hôtel à faire et refaire les mêmes gestes. Nettoyer. Laver. Servir.

Les moments heureux. Les surprises qui auraient dû illuminer son esprit jusque dans sa vieillesse. Tout, elle laissait tout. Elle secoua sa mémoire comme une nappe à la fenêtre et le train finit par repartir. »

Laurent Gaudé, *La Porte des enfers*

Les livres du père dans sa bibliothèque forment autant de souvenirs de lui, autant de phrases et de mots contenus dans les cahiers de sa mémoire. Sa bibliothèque est cependant menue des dernières années passées à lire dans la langue de l'autre des choses simples à empiler dans un coin, à réutiliser de manière pratique au marché ou en bavardant à l'arrêt d'autobus. Le carnet de citations atteste, lui, des préoccupations d'Albert à la gare de triage, avant la bifurcation, la fourche sans lendemain, avant le déraillement, la fin.

En phase avec l'esprit de son géniteur, Alice reçoit les phrases comme l'évidence du père. Aucun exégète à bord de la fille ne lui dévoile la signification des choix ou la symbolique des passages choisis, ses sens reçoivent le sens dans la douceur de la communion, de l'amour de l'être adoré compris dans son tout. Elle sait d'emblée la signification de ces mots, de ces phrases, de ces questionnements. Alice sent si les citations choisies remportaient l'adhésion du père ou si, au contraire, son esprit en remontait le sens et les prenait à contre courant.

« Comment le monde eût-il pu durer plus que moi, puisque

135

je n'étais pas perdu en lui, puisque c'était lui qui était enclos en moi. »

Marcel Proust, *À l'ombre des jeunes filles en fleurs*

Alice s'approprie cette pensée qui lui fait croire en sa propre immortalité et lui rend l'espoir. Le temps déroule sa perte dans les carnets d'Albert. Pourtant, son père est enclos en elle comme le monde dans lequel il a vécu. Elle est son père et la rivière dans laquelle il se baignait enfant. Elle est le monde qu'il a tant aimé ; elle en reçoit la couleur et la clarté qui illumine son regard de l'intérieur où brille Albert de l'éclat de son amour.

*

Les recherches de la fille la conduisent à découvrir la façon de procéder d'Albert. Elle part de l'exemple de la citation qu'elle vient de lire : « Comment le monde eût-il pu durer plus que moi... » Le père avait lu *À l'ombre des jeunes filles en fleurs* lorsqu'il avait vingt ans. Ce passage avait donc surgi de ses lectures de jeunesse. Le volume était resté des années à droite dans la bibliothèque du père. Un coup d'œil à la place que le livre avait occupée et Alice se rend compte qu'il ne s'y trouve plus. Elle finit par le découvrir rangé sur une tablette de gauche à la hauteur de l'œil, avec tous les ouvrages auxquels Albert a emprunté les citations du carnet rouge à spirale. Elle ouvre les livres un à un et en parcourt les pages cornées, seules à contenir des phrases soulignées au crayon. Certains de ces passages sont également marqués d'une croix dans la marge extérieure, d'autres non.

Les extraits soulignés lors d'une première lecture ont donc été relus par le père peu avant sa mort et certains ont été dotés d'une croix. Les citations éparses ont ainsi été sélectionnées avant de s'accumuler dans les carnets comme autant de miroirs de sa pensée agitée, sur le départ, à l'aube, à l'heure où les voyageurs s'affairent vers les gares et s'entassent dans les trains. Dans un cinquième temps, le père s'est penché sur ses carnets et les a ornés d'un feu de scolies, d'apostilles et de gloses, prélude à sa disparition. Les mots en phrases ondulantes se sont soulevés en tempête de lettres sur une mer de souvenirs chancelants. Albert anxieux, fragile, a voulu s'approprier les citations jusqu'à les recouvrir de doutes et d'agitation.

*

Dans le fouillis du père, Alice déniche un autre carnet, plus large, plus épais, qui semble grandir à chaque page tournée et ne jamais s'épuiser. Un carnet devenu cahier, volume, ouvrage... Ses pages contiennent des textes qui tournent autour du trou béant qui l'attend, lui le père, pour se refermer sur sa chair. Qu'il y plonge tête la première ou qu'il y saute à pieds joints, Albert doit se plier, se recroqueviller pour tenir verticalement dans la fosse dont il dépasse dès qu'il se redresse. Il refuse de comprendre qu'il doit s'y coucher, s'y allonger, s'y étirer horizontalement pour en apprécier les mesures. On ne peut l'enterrer debout, ce n'est pas la tradition ; les morts ont besoin de sommeil. Seuls certains animaux s'accommodent de cette position pour dormir, les chevaux ou les éléphants. Les humains, eux, s'allongent ou se blottissent. Presque toujours, ils se couchent ou, au moins, ils s'assoient comme ces rois qui refusaient de dormir dans la position du gisant.

Avant d'accepter de s'étendre, Albert doit prendre le train. Il s'y apprête en mots qu'il rumine comme une mauvaise herbe ou qu'il mâchouille comme un bâton de réglisse. Parmi les textes du père, *Le cercueil d'osier*, *La Robe d'Ilanne*, *Le fauteuil de Souheil*, *À Retardement*, *Je mens comme je suis*, pour ne citer que les plus marquants, Alice choisit d'abord de découvrir le secret de John Taylor, *homo mendax*, qui ment comme il est.

Elle reçoit les écrits du père comme tels et refuse catégoriquement, même à ses rêves, de se laisser entraîner vers une analyse des textes d'Albert qui la promènent d'impressions en impressions sans la contraindre à les expliquer. Elle en perçoit l'évidence dans un corps à corps avec son père dont elle est suffisamment proche pour sentir les battements du texte dans ses veines, dans son flan haletant au rythme de sa lecture.

Je mens comme je suis

« Je t'ai menti pour que tu croies en toi » lui dit-il quand elle fut profondément endormie.

Lui mentir pour qu'elle ait confiance en elle. Mrs Taylor se roule dans les paroles de son époux en dormant paisiblement à ses côtés. La femme s'épanouit véritablement sur le mensonge de son mari qui s'enroule à son corps svelte de métisse sculptée. L'homme la caresse de sa voix sincère et douce qui s'appuie sur son sommeil pour se libérer d'un secret trop lourd à porter.

« Je t'ai menti. Je t'ai menti pour que tu croies en toi, insiste Taylor. Je t'ai menti pour que tu t'appuies sur la béquille de ce mensonge, pour que tu te sentes belle et digne de t'être mariée. Je t'ai menti pour te rendre supérieure à elle, pour que tu oublies sa taille de guêpe et sa bouche pulpeuse. Je t'ai menti pour brouiller son image et te ressusciter. Depuis ce jour, tu oses te regarder dans le miroir sans la voir. Je t'ai menti pour gommer ton surpoids. Je t'ai menti pour te rendre ta mère qui n'avait d'yeux que pour elle. Je t'ai menti pour que tu m'aimes et que tu oublies ta sœur. »

Jenny Taylor s'est mise à transpirer de ses kilos perdus qui lui roulent soudain le long des tempes en cristaux ciselés. Cauchemar néphrétique. Soudain elle se redresse dans son lit et s'adresse au vide de la chambre :

« Tu es morte pour me sauver. Tu es morte défigurée pour me rendre mon allure. Tu es morte pour moi, sacrifiée, pour que ma mère m'aime enfin. Tu es morte pour que je te devienne. Tu m'as fait don de toi. »

Jenny ouvre les yeux. Elle sent une main posée sur la sienne. Un déchirement aigu hurle dans la pénombre de la chambre et excite les aboiements au loin, une alarme, un train.

« Elle était ici, je l'ai vue. Elle était debout près du lit. »
Jenny parle à son mari qu'elle reconnaît à peine. « Katie était ici
comme avant l'accident, avec son visage, son nez, ses yeux. Elle
prononçait ton nom John Taylor, John Taylor. » Les chiens se sont
tus, ceux qui lui répondaient, et les alarmes aussi. Il reste seulement
un train, quelque part au loin.

    Alors Taylor reprend le récit, son récit. Il s'appuie sur la
canne du mensonge qui berce sa femme jusqu'au sommeil. « Katie
conduisait vite et il pleuvait. J'étais tombé en panne tout près de son
bureau donc elle me ramenait, moi son beau-frère, et j'allais être à
l'heure pour dîner. Elle était joyeuse, volubile et la route était
mouillée. J'étais à l'heure pour dîner et remarquais ton agacement
en la voyant entrer chez toi, chez nous, dans notre appartement.
Après son départ, tu me questionnais. Je t'expliquais, la voiture, la
pluie, l'envie d'être à la maison et le coup de fil à Katie qui pouvait
me ramener. Puis une série de questions que tu ne me posais plus
depuis longtemps. Pourquoi je t'avais épousée toi et pas elle, ta sœur.
Pourquoi la plus belle était-elle également la plus intelligente ?
Pourquoi la perfection me laissait-elle de glace ? Comment la
perfection pouvait-elle me laisser de glace ? La perfection me laissait-
elle vraiment de glace ? Comment en avoir la preuve ? Comment
être sûre que je n'avais jamais cédé aux avances de ta sœur ?
Comment être certaine que je n'avais jamais succombé à
l'allumeuse, à la vamp dont j'arborais à tes yeux la morsure
invisible. Comment me laver du trajet et me glisser dans ton lit ?
La scène avait commencé, on ne l'arrêterait plus.

    Le lendemain, ma voiture n'était pas réparée. J'allais
travailler en taxi. Coup de fil de Katie, dans l'après-midi, qui me
proposait de me ramener. J'hésitais. Je devais m'affirmer à tes yeux,

te convaincre que tu n'avais rien à craindre de ta sœur. J'acceptais. Elle roulait vite, il faisait beau. Les sièges étaient en cuir et la voiture décapotable.

Je me réveillais à l'hôpital. Tu étais à mon chevet ; elle était défigurée. Elle est morte quelques heures plus tard. »

Jenny se rendort sur l'énigme qui régit son sommeil et sa vie. Elle rêve qu'elle roule vite sous un ciel joyeux et que l'homme à ses côtés est le mari de Katie. Elle plaît à Taylor depuis la seconde où sa sœur le lui a présenté. Elle a cru lire dans son regard un sentiment ambigu, une attirance pour l'interdit qui attise la concupiscence. Il est le mari de sa sœur. Dans un élan elliptique brouillé de vent et de couleurs éparpillées, elle se retrouve dans les bras de l'homme désiré et l'embrasse à langue déployée comme elle n'a jamais embrassé personne. C'est alors qu'elle sent des poings, puis des bottes s'abattre sur son visage, lui arracher la vue, lui murer l'odorat, lui percer les tympans dans des gerbes de sang.

La sueur coule dans le cou de Jenny qui s'essuie la nuque avec le drap humide de ses rêves malades.

John Taylor regarde dormir sa femme à même le mensonge.

Le secret de Taylor est enterré dans le texte du père. Les secrets de son père sont enterrés sous l'oreiller de sa mère. Blanche jamais ne nous dira. Blanche toujours se taira.

*

141

Les versions de la mort du père sont déclinées en autant de citations et de nouvelles dépareillées qu'Alice goûte à même le cerveau d'Albert comme si elle le dévorait, cannibale assoiffée de la vérité de l'Autre. Il est tard, il fait blême, les yeux d'Alice se creusent et sa vue se trouble. Elle trouve pourtant encore la force de goûter un morceau du père.

À retardement

Ils se croisent sans cesse sans se voir, sans se connaître. L'un se trouve toujours sur le chemin de l'autre et l'autre sur le chemin de l'un. L'un et l'autre l'ignorent. Elle sort de l'ascenseur ; il y entre. Elle débarque à New York ; il s'envole pour Paris. Même jour, même heure, même aéroport et inversement. Une semaine plus tard : elle se pose à Paris ; il repart pour New York. Il leur arrive parfois de devoir atterrir ensemble dans une même ville, mais l'avion de l'un a du retard et l'avion de l'autre est en avance. On ne sait pas si dans une autre vie, dans un autre monde, ils seraient faits l'un pour l'autre. Peut-être sont-ils aussi complémentaires sur cette terre ? Ou pas du tout ? Peut-être ne faut-il absolument pas qu'ils se joignent, qu'ils se rejoignent ? Peut-être leur rapprochement est-il maudit, peut-être sont-ils incompatibles au point se repousser l'un l'autre dans un mouvement de survie ? Peut-être leurs anges-gardiens sont-ils au courant du désastre qui les attend s'ils se rencontrent et s'arrangent-ils pour les séparer à jamais en dépit des efforts du petit malin qui cherche à les réunir à tout prix ? De mèche avec les trains, les avions, les gares, les ascenseurs et les tapis roulants, les premiers s'échinent à déjouer les plans du second qui veut les attirer en un même lieu.

Joan est invitée à l'anniversaire d'une amie. Elle s'étourdit de musique et de danse et doit partir précipitamment. Elle a soudain la migraine. La tête dans un étau, elle saute dans un taxi ; l'homme qui en sort ouvre un parapluie alors qu'elle ferme le sien pour prendre place sur le siège arrière. Il pleut des cordes sur Paris. Elle ne ressemble à rien par temps de pluie et la douleur la défigure. Elle n'a plus l'allure de celle qui était arrivée à l'anniversaire, quelques heures plus tôt, impeccable de ses trente ans. Il ne l'a pas remarquée en sortant du taxi. Elle n'a pas fait attention à lui car le champagne lui troublait la vue et la migraine en accentuait les effets distordants.

Thomas passe quelque temps à la soirée anniversaire où il reste assis à siroter du Martini. Il semble chercher sa partenaire parmi les invitées mais aucune ne l'attire particulièrement. Aucune ne ressemble à ce qu'il est venu chercher. L'amphitryonne confirme que beaucoup de ses amies sont déjà parties ; il est arrivé trop tard !

Ils continuent à se croiser sans cesse, sans se voir, sans se connaître. Ils ont des relations communes et des goûts en commun. Le hasard a fait qu'ils n'ont jamais entendu parler l'un de l'autre. À lui, on n'a jamais dit : « Je connais une telle qui dort, comme toi, sur la terrasse en été » ; et à elle « Je connais un tel qui, comme toi, trempe son camembert dans du chocolat. » Toujours, elle monte le tapis roulant et il le descend.

Un jour, quelque part, un ange gardien se casse une jambe. Fracture ouverte. Il est évacué vers l'hôpital le plus proche. Un petit malin l'a poussé dans les escaliers. Coup d'épaule bien placé au cours d'une bousculade un jour de soldes dans un grand magasin. Elle descendait ; il montait. Au moment où son ange est tombé,

Joan a ressenti quelque chose, un frisson, suivi d'un léger vertige. À cet instant l'inconnu qui la croisait lui a souri de ses dents blanches immaculées comme dans une publicité : ralenti émotionnel et fleur à l'émail des dents.

L'ange sur son brancard, l'ange dans l'ambulance était pris de convulsions et tentait de s'arracher aux mains des soignants pour reprendre le contrôle de la situation, s'interposer entre les deux moitiés pour éviter leur rapprochement imminent. Dans les escaliers du grand magasin, le temps s'était arrêté ; les clients s'étaient immobilisés autour du couple. L'homme et la femme faits pour se rencontrer avançaient l'un vers l'autre dans un mouvement éternel que tentait d'arrêter l'ange de Thomas, seul resté à leurs côtés. Il semblait à bout de forces, à bout de corde pour retenir la roue du temps et permettre à son homologue de reprendre place auprès de sa protégée. Le petit malin se frottait les mains. Un seul ange ne pourrait déjouer ses plans, un seul ange ne pourrait indéfiniment protéger les amants qui se rejoindraient inéluctablement.

L'un montait, l'autre descendait, puis ils s'étaient retournés et avaient rebroussé chemin. Celui qui montait maintenant descendait et celui qui descendait montait. Ils se faisaient face. Ils se souriaient alors que l'ange solitaire se contorsionnait en grimaces convulsives. Ils allaient bientôt s'étreindre. Leurs corps se touchaient et leurs lèvres se joignaient enfin.

C'est à cet instant que la bombe a explosé. L'espace s'est mis à trembler de cris déchirés. Les amants à terre tournaient avec les escaliers. Le silence se faisait aux oreilles de ceux qui s'enfuyaient. D'autres avaient perdu la vue, d'autres un membre ou un ami. Le couple tournoyait parmi les éclats de verre qui volaient *en pluie continue suspendue dans le temps de la mort dont l'écho se propageait dans le néant.*

Alice fixe la page du père, contemple le vide et y voit les amants tournoyer dans l'univers. Blanche dort en bas dans sa chambre sans son homme qui, lui, erre à sa recherche dans le cosmos agrandi de l'absence.

Il ne faut plus qu'elle juge ses parents. Parfois, elle s'y est laissée aller ; elle devra désormais s'y refuser à la lumière des mots du père qui éclairent Blanche d'un autre jour.

*

La fille veut continuer coûte que coûte à lire le père, jusqu'au bout de ses yeux et de sa salive, jusqu'au bout de ses muscles et de sa faim, par-delà le raisonnable et le possible pour le rencontrer plus loin que la mort dans une transe à abolir le temps et l'angoisse, à polir la membrane jusqu'à la transparence.

Elle enchaîne la lecture du père et tisse ses mots en couronnes mortuaires.

La jeune femme à la tasse

La jeune femme tend la tasse à sa mère qui la scrute d'un regard profondément songeur. Elle est pourtant attentive à la lenteur du geste qui leur semble, à l'une et à l'autre, éternel. Les deux femmes se réfugient dans le silence de la pensée qui les protège.

— Ne surtout pas en renverser. (Images mentales de draps tachés et de temps perdu en hésitations.)

— De cette enfant, je touche la douceur jusqu'au dernier moment.

— Elle est encore très belle. Comme je l'aime !

Vingt-quatre heures plus tard :
(La jeune femme et son frère dialoguent)

— Sa lettre de suicide, elle la réécrivait tous les jours.

— Elle en reportait le moment indéfiniment.

— Non, elle me couvrait. Elle savait que je l'aiderais.

— Les enquêteurs y ont cru. L'encre datait d'avant la tasse de thé. Ne t'inquiète pas. Ils n'ont pas cherché plus loin.

Le cercueil d'osier

En découvrant le titre suivant, Alice s'aperçoit que certains textes du grand cahier font écho aux citations du carnet. La nouvelle qui suit semble s'être engouffrée dans les points de suspension entre parenthèses, dans les coupures pratiquées dans le texte de Nabokov, dans le non-dit des lignes estropiées qu'Albert a retranscrites. Alice retrouve la citation de départ intacte dans le livre placé à gauche dans la bibliothèque d'Albert et recopie l'extrait manquant. Elle s'aventure dans les omissions pour y suivre son père de l'autre côté. « *I know however of a young chronophobiac who experienced something like panic when looking for the first time at homemade movies that had been taken a few weeks before his birth. He saw a world that was practically unchanged – the same house, the same people – and then realized that he did not exist there at all and that nobody mourned his absence. He caught a glimpse of his mother waving from an upstairs window, and that unfamiliar gesture disturbed him, as if it were some mysterious farewell. But what particularly frightened him was the sight of a brand new baby-carriage standing there on the porch, with the smug, encroaching air of a coffin; even that was empty, as if, in the reverse course of events, his very bones had desintegrated...»* Elle n'achève pas de recopier la citation tronquée car le texte du père qui lui colle comme un gant l'appelle de l'urgence de ses mots. Entre les lignes, il y a le vide infini.

    La main de la femme fait signe à l'œil de la caméra. Zoom avant sur son ventre. Enceinte de cinq ou six mois, la mère désigne à qui la filme la chambre du bébé. Fille ou garçon ? La pièce est décorée sobrement, jaune paille et blanc. Le bleu et le rose ont été évités soigneusement pour ne pas porter tort à l'enfant à venir dont les parents n'ont pas désiré connaître le sexe.

    L'homme qui regarde ce film en super huit sur son écran plat – l'original a été numérisé – se met à transpirer à chaudes gouttes qui collent sa chemise à son dos et son dos au sofa, lequel le retient de ne pas tomber en arrière. Il est pris de vertiges et la nausée l'attaque à l'abdomen, puis à la gorge, puis à la bouche dans un mouvement ascendant qu'il refoule de toute sa volonté jusqu'à s'évanouir.

Il fait nuit sombre et il est mort un jour quelque part, ou plutôt il n'est pas encore né. Son cercueil l'attend sur l'écran plasma dans la chambre jaune pour bébé androgyne. Le ventre de la femme soudain plat laisse-t-il augurer qu'il est mort avant d'être né ?

Dans la chambre voisine sa mère pleure, la face dans l'oreiller. Elle est vêtue de noir de la tête aux pieds. Plus personne ne la filme. La caméra est posée dans un coin. Si on s'en approche, on voit qu'elle est hors d'usage. La lentille de l'objectif est fendue en deux par le milieu et des éclats dans sa surface se distinguent ça et là comme des écailles concaves plus mates que le verre lisse qui la compose.

Mais qui filme la femme en noir si la caméra a rendu l'âme ? Où ce second film est-il donc projeté ? Mémoire du futur ou futur de la mémoire, les souvenirs à venir tournent dans l'univers jusqu'au vertige, jusqu'à la nausée infinie de vomir dans un mauvais rêve dont on ne peut s'éveiller car le rêve est ancré dans un autre rêve lui-même ancré dans un autre rêve qui fait lui-même suite à un malaise et ainsi de suite jusqu'à ce que le cerveau fonde d'épuisement. On peut s'enfoncer ainsi dans l'abîme quand les rêves s'enchâssent et qu'il n'y a plus d'échappatoire sauf celle de remonter patiemment de rêve en rêve, de strate en strate, de malaise en malaise, jusqu'à la surface. Mais qui veut vraiment y remonter ?

« À quoi bon me réveiller » songe dans le brouillard l'homme évanoui. Il croit comprendre, sentir, identifier qu'il n'est pas mort, mais seulement qu'il n'est pas encore né dans un film projeté de son vivant. Projection à laquelle il a assisté et dont le

malaise provient. Il pense soudain avoir toutes les données pour comprendre mais bientôt la nausée occasionne un énième malaise et le rêve, de plus en plus profond, résonne chaque fois moins de l'analyse oiseuse de l'origine du mal.

A quoi bon, à quoi bon me réveiller puisque je n'existe pas encore hors de la mère qui me porte ? Je suis si bien en elle, contenu dans sa matière, au chaud dans son être. Je veux croire désormais à ce qu'on dit d'avant qu'on soit, d'avant qu'on sorte. Je veux y croire toujours et toujours y rester. Je veux me guérir du berceau cercueil et des langes linceuls dont je me défais pour m'enfoncer en ma mère comme dans un songe d'éternité oisive.

On gifle l'homme pour le réveiller. On essaie de le ramener, de le rallumer, de le faire revenir. Il a les yeux révulsés lorsqu'on tente de lui écarter les paupières ; on entend son cœur battre dans la pièce et la chemise en eau qui adhère à son torse marque chaque pulsation de la pompe. Au moment où l'homme s'éteint, un sourire éclaire son visage enfantin qui semble avoir rajeuni de tous ses printemps. Sa mère s'approche de lui alors qu'elle est déjà morte et le prend dans ses bras sans effort aucun. Elle le porte jusqu'à sa tombe dans laquelle elle se glisse à ses côtés. Ils s'y endorment pour l'éternité, l'homme recroquevillé contre le ventre gravide de la mère qui l'entoure de l'osier de ses bras.

Entre les mots, il y a aussi l'espace de dessiner le sens, de charger de volume la pesanteur du rien, de sonder les rythmes intérieurs à celui qui tire le texte des orifices de son corps ouvert. Retour aux sources. Source des origines. Alice est abasourdie de mots terreux et

Albert, son père à elle, se mêle aux morts de la nouvelle. Elle vient de le rencontrer plus loin que le possible, enfoui dans son texte, au cœur de l'angoisse que le temps n'a pas effacée. Elle referme le carnet, le cahier, le volume sur la tombe de son père. Elle n'a pas trouvé le soulagement ; elle en a refusé l'image d'elle blottie contre lui à même le trou. Elle attendra des mois ou des années, peut-être l'éternité, pour rouvrir le tombeau. Peut-être jamais plus n'aura-t-elle le courage de faire face à son amour ? Peut-être laissera-t-elle le cahier au fond d'une malle d'où il ne pourra s'échapper jusqu'à son décès, à elle, lorsqu'on la cherchera parmi ses effets, ses étoffes, ses volumes pour mieux la deviner et l'enterrer dignement, en toute connaissance de ce qu'elle a été ?

*

Alice sent la vieille pousser en elle. Elle observe ses cors aux pieds et la corne qui envahit son talon jauni. C'est la mort du père qui prend racine et la gangrène. La fille se décompose à ses yeux de veines gonflées en taches sur le corps, sur les mains et sur le visage. Elle inspecte le lacis de veinules violacées qui se tisse à même ses jambes épaissies par les années ; elle scrute les rides qui se creusent et les yeux qui se pochent jusqu'à se sentir veuve de la vie et du bonheur.

Elle se regarde dans le miroir et repense aux carnets du père. Une citation semble correspondre à celle qu'elle était il y a encore quelques semaines avant que la mort du père efface le leurre, dissolve le charme sous lequel elle se trouvait. Alice donne un titre à cet extrait :

Parle à ta face ou les traits de la vérité.

« Elle donne l'impression de n'avoir pas changé ; seulement, quand elle commence à parler, son visage, subitement, se transforme : sa peau se plisse et se replisse, sa lèvre supérieure se couvre de minces raies verticales tandis que des rides, sur ses joues et sur son menton, changent de position, rapidement, à chaque mimique. Irena se dit que Milada ne s'en rend certainement pas compte : personne ne se parle à soi-même devant un miroir ; elle ne connaît donc son visage qu'immobile, avec la peau presque lisse ; tous les miroirs du monde lui font croire qu'elle est toujours belle. »
Milan Kundera, *L'Ignorance*

La voici qui joue au jeu du père, qui reprend le fardeau. Elle vient de trouver son premier titre : « Parle à ta face ou les traits de la vérité ». L'exercice ressemble aux récits d'invention que Marine pratique au lycée. « Après avoir trouvé un titre à cet extrait, vous en inventerez la suite en respectant le style de l'auteur. » Alice ne va pas plus loin que le titre qui, accompagné de la citation, contient son ressenti face au miroir du temps.

*

Pour survivre, Alice doit accepter la mort d'Albert, accepter de revêtir l'âge du père, celui du capitaine. Il ne s'agit pas de jouer au père, de mimer le père ou de copier le père mais de prendre sa place au gouvernail du haut du sérieux de la fonction. Alice n'en a ni le goût ni la force. Elle n'en a pas non plus l'allure qu'elle compare à celle d'Albert, beau, grand et fier de stature. Elle se sens rabougrie, rabougrir encore davantage lorsqu'elle se compare à lui, qualifié, chevronné, gradé, couvert de possibilités, de capacité à naviguer à vue, à l'ouïe et au toucher.

Elle pense qu'elle va sauter, franchir le pas et les laisser à leur vie qui commence. Elle va se jeter à la mer, trouver son propre train au fil de l'eau, abandonner le bateau fantôme de sa vie dérisoire. Marine est si responsable depuis la mort d'Albert ! Elle peut s'occuper de ses frères, prendre du galon, devenir Capitaine, éteindre la tempête en soufflant sur la mer pour que s'y peigne le firmament.

« Maman, tu vas reprendre ton souffle et te jeter à l'eau, lui dit Marine dans un rêve. Nous suivrons dans ton sillage les rails qui mènent jusqu'à nous. »

Alors Alice se ressaisit. Elle se reprend, se repense, se réinvente et redevient. L'eau peut être celle de la renaissance, du baptême, de l'adoubement. Elle doit prendre place à la barre près du grand mât, accepter les responsabilités, ces damnées responsabilités, si collantes, si moulantes et si lâches à la fois, les saisir à bras le corps, si pleines de trous et de doutes, de parasites sous forme de pensées troubles jusqu'à la vase, jusqu'aux sables mouvants.

Les jours passent, les semaines et les mois mais la plaie tarde à se refermer ; elle suppure de remords qui macèrent, de pensées coagulées en souffrance chronique, endémique qui se répand dans l'univers de son corps jusqu'aux cellules et dans son ADN, dans sa base, dans son fondement engourdi de passé chéri et tourné vers la mort comme une malédiction.

Afin de survivre, la fille doit accepter l'absence du père, admettre sa disparition et remercier le train du Nord de l'avoir emporté au loin avant qu'il ne soit trop tard et qu'on ne le vole à lui-même, d'acharnements en bonnes intentions. Par instant, Alice est fière de croire qu'il a réussi pour lui rendre mémoire intacte de ce qu'il était vraiment. Elle a gommé de sa vie la fin honteuse qu'il s'était interdite par pressentiment. La volonté du père est sauve car sa mort, qu'elle a réécrite, fait acte de vérité. Le train du Nord a vraiment existé à bord d'une robe en songe sur la mer.

Pourtant, à la vie du père, Alice ne sait plus penser. Sa mort a brûlé les souvenirs qui se consument dans la fournaise de ses tourments de fille. La nuit, elle rêve de lui et jamais il n'en meurt. Ses songes dévident des images de trains et de gares saturées. Il est toujours vivant. Le bain d'algues qui se solidifie et l'emmure n'en vient jamais à bout, pas plus que le serpent du tuyau d'arrosage qui le serre à la gorge. Il rentre toujours de l'hôpital pour prendre seul un train. La boue sèche dans la baignoire et le tuyau d'arrosage s'effrite, sous le soleil cuisant, alors que la gare surchauffée reçoit le père sur ses pieds lourds. Il avance vers le train ; les murs de la chambre s'écartent et il s'ébranle vers l'infini de sa vie qui continue au-delà du visible, du perceptible, de l'audible.

La prison du temps empêche Alice de parvenir jusqu'à son père, de l'atteindre et de l'étreindre. Ses poings qui se resserrent pour s'abattre sur la membrane qui la sépare d'Albert rebondissent sur la toile élastique, indéchirable, indéformable. La bulle est conçue à l'épreuve de l'eau, du gaz, du feu et de toutes les armes de destruction, découvertes et à découvrir, sur tous les territoires découverts ou à découvrir également. La prison du temps est immuable et inaltérable en dépit de ceux qui nous appellent de l'autre côté de sa muraille d'autant plus infranchissable qu'elle est imperceptible, immatérielle à nos sens atrophiés.

C'est seulement plus tard, bien plus tard, que la mort commence à s'effacer et que la vie du père réapparaît. Parfois, le soir, des images du temps d'Albert reviennent pêle-mêle à la fille comme les fragments de son corps aimé sur lesquels elle zoome jusqu'à l'odeur. Alice ne sait pas le droit, la droite, la ligne, elle ne connaît que les marches d'un colimaçon qui s'emmêlent dans les nuages en bouclant sur lui-même. Son imagination s'empare du trouble et, à contre-marée, aménage des glissades, des rampes, des enjambées, des tourbillons de poussière et de temps, des spirales d'infini entre les univers, les années-lumière pour jeter des ponts entre les

154

images, monter les séquences en film de vie. Alice caresse de ses doigts fins la main d'homme aux veines saillantes et se croit capable de lui inventer un ordre, une chronologie, un sens, une ligne, une vie qui s'efface à chaque tentative de le broder en l'état. La droite se dérobe pour créer ses propres méandres, libres de contraintes et d'exactitudes mensongères.

Mais souvent encore c'est la mort qui revient et le lit comme un grill ! Le vif de la peine cauchemarde dans la nuit éternelle. Alice souhaiterait alors faire du yoga dans le ciel, affublée d'une barbe, mais son cœur si gros d'amour pour ses enfants lui interdit d'être pleutre et de lâcher prise avant l'heure. Elle a fait le tour de la question et la corde menaçante s'est enroulée à un autre cou. Alice part à la recherche des souvenirs du père qu'elle pêche dans l'abîme de sa mort indigne lorsque le train s'efface de trop vouloir y croire.

Comme il ferait bon mourir de sa mort et non du jeu de l'ordre et de la décision de l'Autre, qu'il soit l'état ou l'inconscient collectif, l'héritage de l'ignoble caché sous le nom de Dieu. L'héritage du diable. Je crois en toi oh mon Dieu, comme je Te fais à l'image de mon père qui était bon. Le culte des ancêtres a pour avantage que chacun de son Dieu descend en ligne directe. Je crois en vous mes Dieux, mes ancêtres tous unis dans le corps de l'aïeul jusqu'au prochain décès.

*   *   *

155

Aujourd'hui, des années plus tard, sa mort nous a enfin quittés et seul Albert nous est resté. C'est en dénonçant ses bourreaux, en tenant notre promesse de le faire, que nous avons accepté sa disparition. Chacun à notre manière, nous Alice, Ruben, Marine, Angel et Blanche lui avons offert son train du Nord et sa Coupole ; nous avons gravé ses rêves dans des chansons, dans des poèmes, dans des films, dans des romans et dans nos rêves. Nous l'avons aidé à brouiller les pistes et à y croire, par instants, par fragments de lucidité de ce qui aurait dû être, exister pour lui par choix, par droit et par conviction.

Au nom du Père, de sa femme, de sa fille et de ses petits-enfants.

Printed in Great Britain
by Amazon